SHINGO™
PRIZE
for EXCELLENCE in
MANUFACTURING

精益实践

均衡生产

CREATING
LEVEL
PULL

[美] 阿特·斯莫利（Art Smalley） 著
精益企业管理咨询(上海)有限公司 译

人民东方出版传媒
People's Oriental Publishing & Media
東方出版社
The Oriental Press

图书在版编目（CIP）数据

均衡生产 /（美）阿特·斯莫利 (Art Smalley) 著；精益企业管理咨询（上海）有限公司译 . — 北京：东方出版社，2023.8
（精益实践）
书名原文 : Creating Level Pull
ISBN 978-7-5207-2656-6

Ⅰ . ①均… Ⅱ . ①阿… ②精… Ⅲ . ①生产管理 Ⅳ . ① F273

中国版本图书馆 CIP 数据核字（2022）第 039665 号

均衡生产
（JUNHENG SHENGCHAN）

作　　者:［美］阿特·斯莫利（Art Smalley）
译　　者：精益企业管理咨询（上海）有限公司
责任编辑：申　浩
出　　版：东方出版社
发　　行：人民东方出版传媒有限公司
地　　址：北京市东城区朝阳门内大街 166 号
邮　　编：100010
印　　刷：北京联兴盛业印刷股份有限公司
版　　次：2023 年 8 月第 1 版
印　　次：2023 年 8 月第 1 次印刷
开　　本：880 毫米 ×1230 毫米　1/32
印　　张：6.375
字　　数：120 千字
书　　号：ISBN 978-7-5207-2656-6
定　　价：49.00 元
发行电话：（010）85924663　85924644　85924641

推荐序一

质量是企业的生命，精益是企业提质增效的有效工具，为企业管理转型升级提供了清晰的路径。精益既可以指导企业的经营生产，也可以助力企业的设计研发，精益管理涉及企业管理的方方面面，对于企业发展具有重要意义。

中国有4000多万家各类企业，中小微企业占比超过95%，广大中小企业经过多年的发展，产品研发、质量管控、经营管理水平都有了很大的提升，为我国的经济发展、劳动就业、科技进步、社会稳定作出了巨大贡献。但不容否认的是，我国的广大中小企业是在改革开放后的几十年间迅速诞生、成长、发展起来的，是从物资短缺中走过来的，是很多本来没有做过工业或没有受过系统工业化训练的人逐渐摸索着做起来的。因此，在我们的一些企业中，难免或必然存在着粗放、浪费、品质差、质量低、成本高等不良现象，尤其是与日本、德国等企业管理较为系统、成熟、精细的国家相比，我们确实还有不小的差距。为此，国家制定了《“十四五”促进中小企业发展规划》，其中明确提出了九项重点工程，而中小企业质量品牌提升工程即为其中之一。中小企业应利用好政策的优势，借鉴国内外成功企业在质量管理和质量技术方法推广应用方面的经验，做好引进、消化和吸收，让好的方法为我所用，实现自身的良性发展，是一条较为符合我国实际的策略。而精益管理，正是这样一种适合广大企业学习运用且行之有效的方法。

《中华人民共和国国民经济和社会发展第十四个五年规划和2035年远景目标纲要》明确提出，要“实施领航企业培育工程，培育一批具有生态主导力和核心竞争力的龙头企业。推动中小企业提升专业化优势，培育专精特新‘小巨人’企业和制造业单项冠军企业”。国家大力倡导培育“专精特新”企业，其中的“精”是指“精细化”，而精益的理念刚好契合了精细化的概念。对于企业如何去做精细化管理，实现精细化目标，精益管理提供了答案。从这个角度来看，实施精益管理既符合企业自身发展的需求，也符合国家促进中小企业良好发展的期望。

我们认为，虽然精益管理的理念及方法首先诞生于日本，有些方面或许与我国的企业管理理念有所区别，但这并不妨碍我们学习和借鉴；虽然精益管理诞生于上个世纪，而随着这些年来工业领域的智能制造、数字化、工业互联网、物联网、供应链等技术的突飞猛进，为一些具体操作工具也插上了信息化的翅膀，作为一种系统的管理思想和方法，对于一些中小企业而言仍具有较高的实践价值。

我们理解，精益管理首先是一种思想、观念、意识，即作为企业管理者，在思想上要始终树立降低成本、减少浪费、持续改进、不断优化、提高质量、提升价值的意识，要认识到改进生产工艺流程无穷期、降低价值链上的各种成本费用无止境、提高产品质量无尽头、提升产品价值无终点。其次，精益管理是一个体系、系统、网络、链条，是一个企业全方位、全流程、全员都囊括其中、所有人要参与的全体行动，不是零星、局部、个别环节、某个人的单一行为。这就是说，精益管理必须整体动员，从企业高层到基层，从前端的原材料供应到后端的产成品交付及客户服务，从物资到厂房、机器设备再到资金以及人力资源等所有要素，都要纳入精益管理的系统之内，协同行动，才能将精益做好。最后，精益管理是通过一系列原则、标准、方法等具体工具实施的，是实践、行动和具体工作，这其中涵盖了很多科学管理方法，如戴明环、流程图、六西格玛、价值流图，以及若干数据分析、看板、图、表等具有特殊功能的管理手段。所以说，精益管理需要掌握这些原则，学习这些方法，并具体投入实践才行。

为了更好地推广精益思想，培育精益管理人才，精益企业中国（Lean Enterprise China, LEC）将《精益术语汇编》《均衡生产》《综观全局》《创建连续流》《精益物流》《建立一个精益的供需系统》这套在国外久负盛名的精益工具书引入中国，在国内翻译出版。这套书的引进，有利于在广大中小企业中培养一批懂精益、用精益的高水平质量人才队伍，为广大质量工作者学习精益提供帮助，同时，也必然有利于助力广大中小企业走专精特新之路，让企业更有生命力、竞争力和发展力，助力企业整体运行的质量提升。我们衷心希望，在全社会重视质量、发展质量、提升质量的大背景下，精益管理在建设质量强国的道路上能发挥更大作用！

宁金彪

中国中小企业协会副会长

推荐序二

《均衡生产》指导制造企业如何运用小批量生产方式，来满足顾客日益增长的个性化需求。这是一本广为全球企业接受的作业指南，也为蔡司光学带来了启发，针对批量制造和定制化制造的流程中如何进行均衡管理，提供了指导方向。

2019 年，蔡司在中国广州知识城建设了蔡司全球最大的视力健康产业制造基地，面对全球市场订单，蔡司团队进一步深度分析并优化，打造了紧密集成的全价值链管理系统，包括贯穿全流程的品质追溯系统、高度柔性的大规模制造系统、更加高效自动化的定制化系统等。过程中，制造部门不断地整合生产流程，减少换型损失，更采用了本书中的均衡生产理念，在上下游工序之间建立了精简的、能够通过系统实时监控数量的缓冲超市系统。根据客户的订单拉动生产，成功地在大幅提升交付速度的同时，提升了运营效益。

前面提到的流程和技术优化听起来好像局限于制造部门，其实不然，蔡司定制化生产涉及整条价值链，包括市场、产品开发、供应商、物流、区域库房、经销商以及终端客户等。因此，蔡司邀请上下游合作方共同商讨如何进一步深度协同，目的在于平衡价值链上的每一个环节，既不因为上下游的需求波动而造成浪费，也不希望见到某个环节的员工或设备超负荷而影响价值链的整体运作。

然而，平衡是门艰深的学问，需要不断地进行实践和总结。相关的系统需要各类实时的信息，并融入管理者的知识和经验。所幸当今全球产业数字化和数字产业化正高速发展，各类先进智能制造技术纷纷出炉、快速迭代。蔡司光学中国团队目前正在从事系统整合的研究，希望不久的将来能拓展到上游供应商和下游经销商，甚至进一步拓展到供应商的供应商、经销商的下游并最终触达消费者。相信通过大家的努力，一定能在整条价值链上消除更多浪费，以更短的交付时间超越客户的预期。

随着中国政府对碳达峰和碳中和目标的制定和相关政策的落实，企业既要应对外部市场瞬息万变的需求，又要对内外部资源的利用进行精准的把控。在这种情况下，上游原材料供应的波动以及下游客户需求的不确定性所产生的牛鞭效应，肯定会加剧价值链上各企业内部管理的复杂性。因此，蔡司光学中国将继续钻研全价值链的均衡性，携手各环节的企业共同创造价值，造福消费者、社会、国家，乃至全世界。这正是精益管理的最终目的。

赵克强博士多年来在中国积极倡导精益管理，他不遗余力地推动着精益理念在中国落地和发展，并与世界接轨。欣逢《均衡生产》在中国正式出版，帮助中国企业在复杂多变和高度数字化的挑战下运筹帷幄，把握精益思想的基本逻辑，在万变中求不变，牢抓发展契机，助力中国可持续发展。特写此序祝贺！

彭伟

蔡司光学中国总裁

2021年10月

推荐序三

书如其名，《均衡生产》介绍了丰田汽车公司的均衡生产系统；中文也有把它翻译为“平准化”的。本书有两个目的：一是帮助企业按照“连续流”的概念，满足顾客需求，准时供货；再是尽可能管控生产线的均衡运作，避免不合理的波动，维护生产线上员工与设备平稳输出。换句话说，企业管理层全盘规划生产，既能避免工厂因为过多订单而造成员工和设备超负荷的负面影响，同时也不会由于量少而造成资产浪费。因此，从企业管理的层面来看，“均衡”就是消除价值流中不合理的波动（MURA）和超负荷（MURI）这两种浪费，以维持工厂的平衡运作。

当前市场顾客的需求越来越趋向个性化，许多制造企业从单一产品大批量的生产方式转向多品种小批量。如何在满足客户需求的前提下，平衡不同的产品类型与生产批量是门学问。丰田生产方式要求工厂尽量按照订单顺序生产，即使需要频繁换型，也不刻意囤积订单大批量生产同一型号的汽车产品。这个按照顾客订单生产的战略在实施过程中，授权生产线管理者做适当的调整；其使用的方法包括快速换模、均衡柜，以及小批量生产方式等。

德国蔡司光学公司执全球镜片领域研发与制造的牛耳，蔡司广州高端定制镜片加工中心是该公司全球最优秀的定制镜片生产基地。由于客户需要的镜片因个人的近视或远视度数不同，散光程度深浅，以及其他特殊需求，所有订单完全按照客户要求定制。因此，蔡司工厂面对的是另一种新的生产方式——大批量的定制生产；乍听起来两个要求相互矛盾，可以想象是个巨大的挑战。

广州蔡司团队经过10余年来不断试验，从生产线流动与拉动入手，稳定后，试着实施均衡生产。同时与时俱进，致力于自动化以满足市场对制造节拍时间与成本的需要，这些年的历练成就了一身精益功夫。我特别邀请吴勇和蒋文玉两位经理根据他们的知识与经验为本书的翻译校稿，务求读者能读懂书里讲解的均衡生产方法。特别感谢蔡司中国区总裁彭伟先生为本书写序，大力支持我们推广精益管理。

感谢LEC团队的通力合作，2007年张晓光博士完成翻译稿，武萌、丁少磊帮忙校稿，以及伟创力中国的赞助，完成了第一版的参考资料。感恩东方出版社合作出版精益工具丛书，中国中小企业协会特别作序推荐。希望这套精益工具书能帮助中国企业和个人在实践过程中落实流动、拉动与均衡生产等精益生产的方法，消除浪费，创造利润。

赵克强博士

精益企业中国（LEC）总裁

2021年10月

目 录
Contents

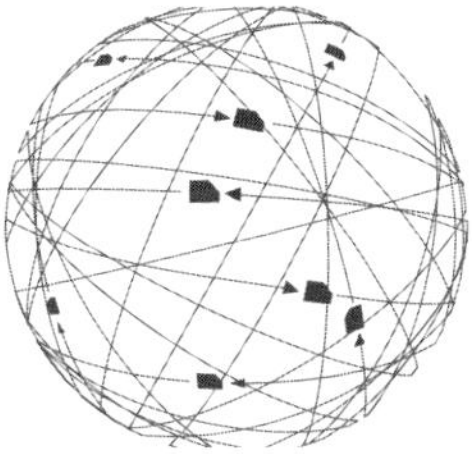

第一部分　起步

第一部分　起步

欢迎来到艾宝制镜工厂

按时交货和成本控制的持续挑战

“精益”工厂里的传统生产计划

从不确定的推动转变成均衡拉动

负责转型的推动小组

执行范围和时间的要求

欢迎来到艾宝制镜工厂

艾宝制镜工厂是一家典型的汽车零件供应商，主要产品包括：汽车外视镜、后视镜和车门把手等。几年前，艾宝感受到越来越多来自顾客的压力：要求降低价格、提高质量、快速响应市场需求和多频次按时交货。因此，不得不好好审视他们的生产运营过程。

艾宝的经理们沿着三种主要产品族的价值流走了一圈，仔细观察，为每个产品族绘制了价值流图，第 4 页图是外视镜产品族的价值流图。很快他们就发现了许多浪费，比如：注塑成型设备换模时间过长、喷涂设备正常使用率低、装配过程有许多间断、生产周期长、各工序之间库存量很大。

通过局部改善和流程改善，艾宝管理层和员工显著地提升了这三个产品族的业绩表现。第 5 页图展示的是外视镜产品族的现状价值流图。

艾宝降低了所有工序的换模时间，通过局部改善提高了喷涂线正常使用率，创建了紧凑的连续流生产单元，不但压缩了生产周期时间，同时还降低了库存和成本，并节省了生产场地面积（详见第 6 页艾宝工厂布局图）。

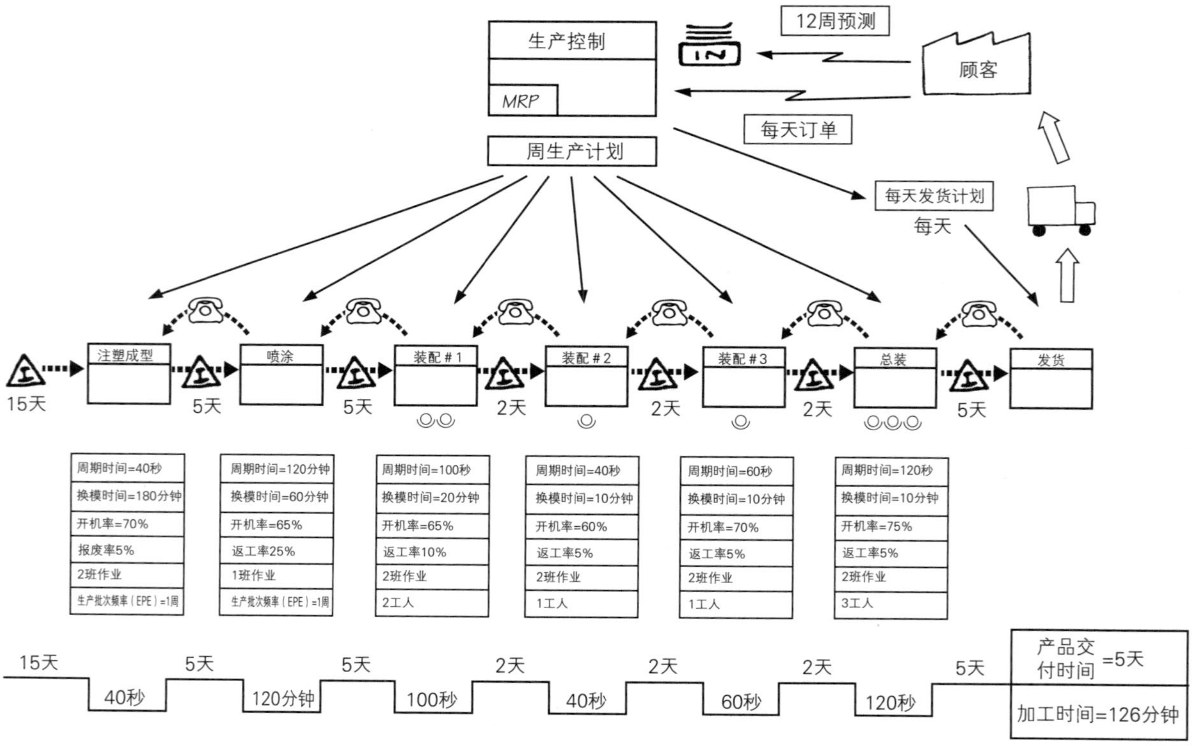

外视镜产品族的价值流图

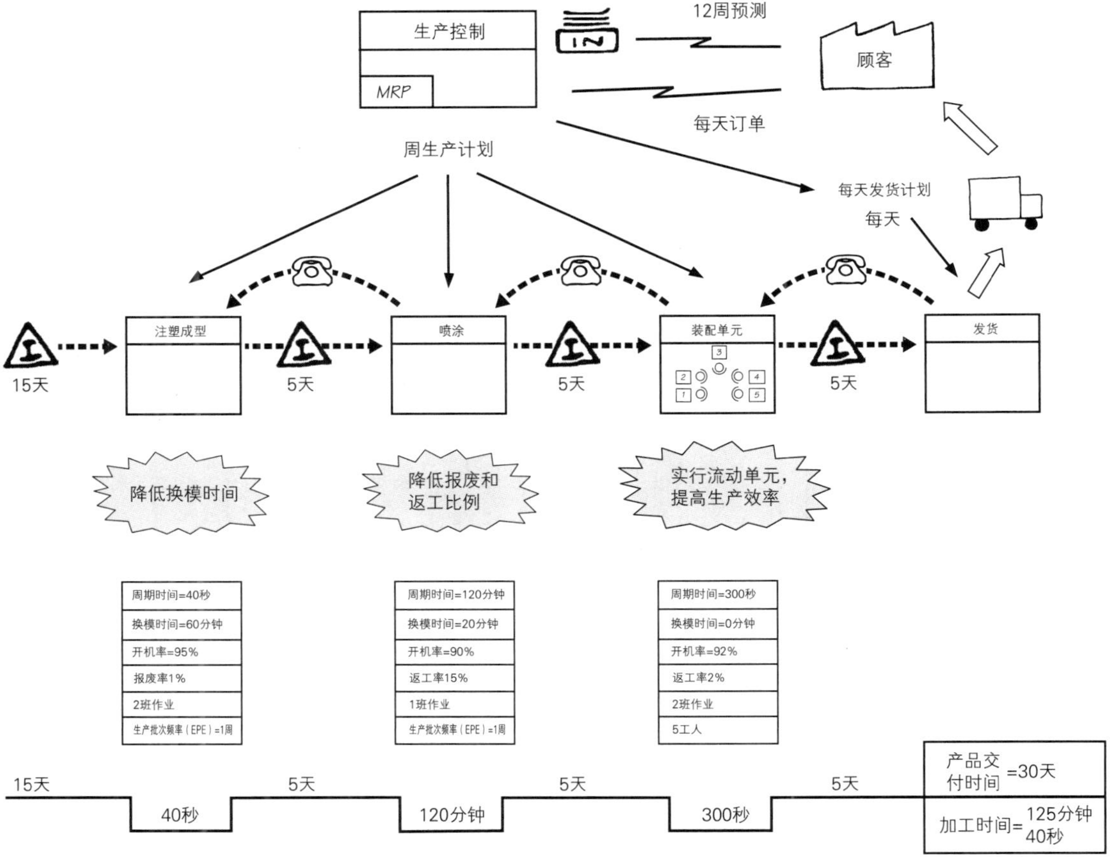

外视镜产品族的现状价值流图

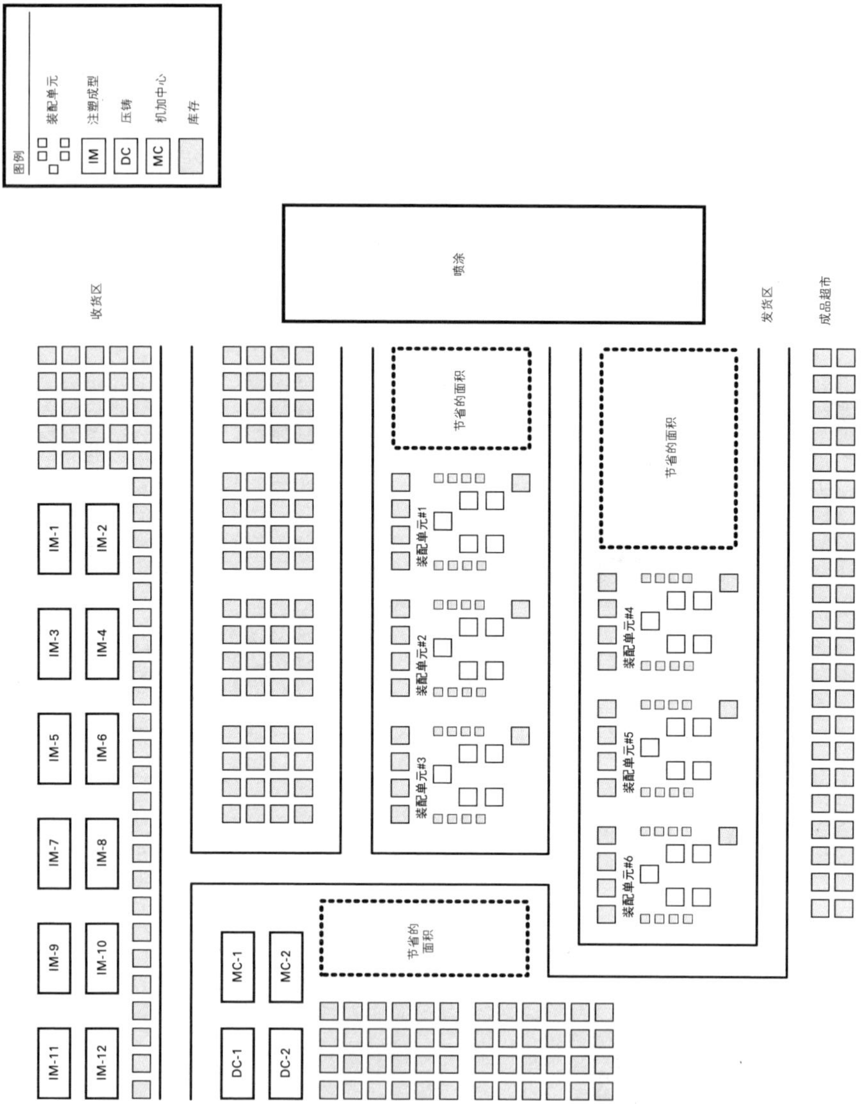
图例
装配单元
IM 注塑成型
DC 压铸
MC 机加中心
库存
收货区
喷涂
发货区
成品超市
节省的面积
节省的面积
节省的面积
装配单元#1
装配单元#2
装配单元#3
装配单元#4
装配单元#5
装配单元#6
IM-1
IM-2
IM-3
IM-4
IM-5
IM-6
IM-7
IM-8
IM-9
IM-10
IM-11
IM-12
MC-1
MC-2
DC-1
DC-2

艾宝工厂布局图

和大多数公司一样，艾宝工厂并没有积极采取措施，使成型、压铸、喷涂、总装和发运之间的信息紧密联结，并掌握信息的流动。艾宝的经理们认为，改变信息管理系统使上述各生产区域紧密连接，让物料员及时把物料送到下游工序的做法会影响到工厂内的所有价值流，牵涉面太广，会很复杂。有些经理怀疑这样大幅度地改善是否有必要，他们认为通过推行局部改善和加快流动，同样能取得满意的改善效果。

按时交货和成本控制的持续挑战

刚开始，艾宝的经理们对精益改善的进展非常满意。5S 项目使工作环境整洁亮丽，工厂员工士气高昂并积极参与改善活动，直接人工成本也显著地下降了。

但是，还有很多地方不如预期，比如：工厂内仍然需要经常加班和加急送货来满足顾客的要求；虽然直接劳动成本降低了，但并不能表现在间接劳动成本上；库存总量有所降低，但仍然可观；当顾客需求变更时，经理们仍要花费大量时间修订生产计划；与此同时，许多物料搬运员为了寻找顾客需求的物料在工厂里不停穿梭。

更头痛的是，改善初期的新鲜感渐渐消退，某些改善成绩开始出现下滑，尤其是喷涂、总装和发货部门，经常因为物料短缺而不能满足顾客的需求。下表展现了外视镜价值流业绩下滑的趋势：

运营业绩表——外视镜价值流 *

	最初状态	局部改善后	单元流动改善后	当前状态
生产效率				
直接工人（件/人/小时）	9.0	10.0	11.5	**11.0**
物料搬运员（支持这个价值流的）	3	3	3	**4**
质量				
报废	5%	4%	3%	2%
返工**	25%	20%	15%	15%
顾客质量(ppm)	500	250	125	105
停工时间* **				
装配（分钟/班）	40	30	10	**20**
喷涂（分钟/班）	30	20	15	15
注塑成型（分钟/班）	50	25	25	10
库存周转率				
全部	8	11	14	**12**
按时交货率				
按时交货率（上游内部过程对装配）	65%	68%	80%	**75%**
按时交货率（装配对发货部门）	80%	92%	95%	**85%**
按时交货率（艾宝对顾客）	100%	100%	100%	100%
交货时间				
加工时间（分钟）	126.0	126.0	125.7	125.7
生产周期（天）	36	34	28	**30**
成本				
每周加班成本	$6,000	$5,000	$4,000	**$5,000**
每周加急成本	$2,000	$1,500	$1,500	**$2,000**

说明：

* 顾客需求和各产品比例没有明显变化。

** 返工主要是由于长期存在的内部问题导致的。

*** 停工时间和换模时间是分开记录的，表中数据只表示由于设备故障或物料短缺而造成的每班的停产时间。

工厂内遍地开花式的改善进展遇到瓶颈，有些改善成功的区域开始出现倒退，这显示整个生产系统都存在一些问题，而不仅仅是某个局部的问题。艾宝的经理们决定再次巡视这三个产品族的价值流，并将重点放在整个生产系统中各生产区域之间的信息流动和物料流动上。所看到的情形让他们目瞪口呆！

“精益”工厂里的传统生产计划

经理们从发货区开始，沿着外视镜价值流从后往前巡视整个流程。他们很快发现生产控制部经理根据顾客的早期需求预测制订了每周的生产计划，通过 MRP 系统提前发到各生产区域。但是，这个周生产计划和每天实际收到的顾客订单之间差异很大，再加上从原材料进货到成品完成的生产周期长达几周，因此，顾客订单的频繁变化对每天生产计划意味着：

- 错误的零件：上游的工序过多，过早地生产了下游并不需要的产品。
- 下游工序，例如总装，一方面缺少需要的零件，另一方面又有很多不需要的零件库存。

- 下游工序没有一个有效的机制通知上游工序接下来需要什么，需要多少，什么时候需要。

为了解决这些问题，生产控制部门花费大量时间来更改生产计划并加速工厂内的零件供应。即使如此，在正常状况下，只有 75%的订单能够按计划开始装配，85% 的订单能够准时出货。没有任何一家汽车零部件供应商愿意冒整车厂停产的风险，因此，艾宝工厂每天都必须安排加班或者采用昂贵的空运来解决不能按时交货的问题。而且，在巡视过程中，管理层发现每个工序的产能都远大于顾客的需求。这意味着绝大多数加班成本是由于计划问题造成的，而不是因为产能不足。

为了说明艾宝工厂当前面临的问题，管理团队画了一张简单的图表（见第 12 页艾宝外视镜需求变化趋势图）来说明外视镜需求的变化。图中实线表示的是最近 13 周来自顾客的每周实际需求量。艾宝有两个装配单元生产外视镜：一个生产左外视镜，另一个生产右外视镜，这两个单元的需求是一样的。

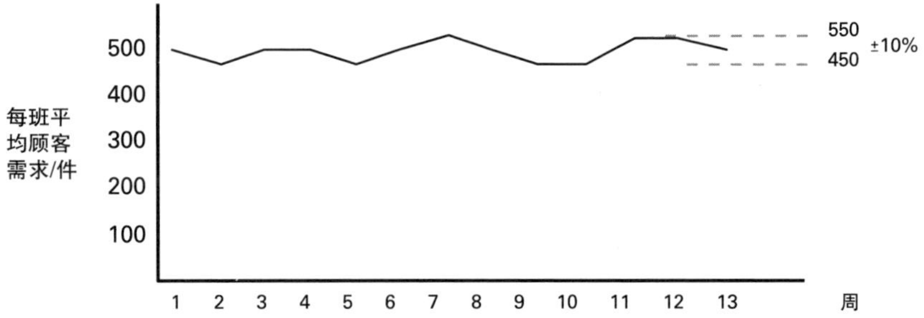

艾宝外视镜需求变化趋势图

上面这张图仅表示左外视镜装配单元的需求变化。当进一步分析各型号左外视镜（因颜色或配置的不同而不同）的需求变化时，经理们有了更大发现。第 13 页图是在同样的 13 周里，需求量最大的前 10 种左外视镜的需求变化情况。很显然，左外视镜的总需求变化不大，但各型号左外视镜的需求变化是非常大的。

更让人吃惊的是，在处理顾客订单的过程中，顾客需求的总量与各型号产品的需求量被依次向上游扩大。通过收集各工序实际的生产订单数据，艾宝的经理们很快发现发货订单的变异小于总装订单的变异，总装订单的变异小于喷涂订单的变异，喷涂订单的变异小于注塑成型订单的变异。总之，艾宝工厂正面临着与其他工厂相同的挑战，那就是不稳定的顾客需求，只是艾宝的生产控制作业方式使问题变得更加糟糕！

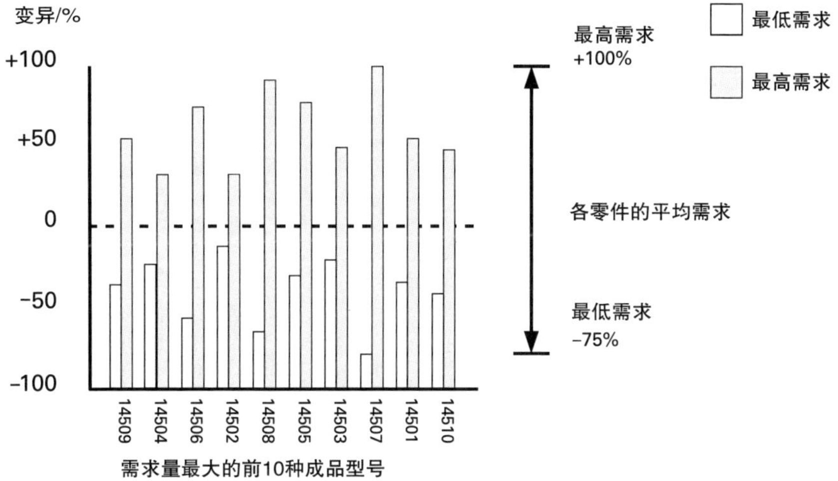

艾宝各型号产品需求分析

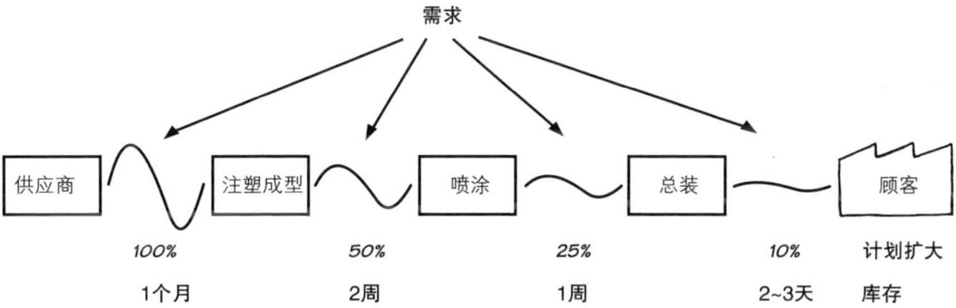

需求的传递和扩大

从不确定的推动转变成均衡拉动

正如在巡视价值流过程中所看到的那样，艾宝的经理们突然明白了一个曾经听过却没有真正领会的概念。顾客的需求确实有一定波动，但公司内部的生产计划沿着生产过程连续放大了波动的幅度，并传递到每一个工序。他们也认识到，集中式的生产控制方法，为每个工序制订生产计划，要求各工序根据生产计划而非实际需求推动生产，导致每个工序前面都堆积了大量的库存。

经理们意识到他们目前使用的生产计划系统是将各工序的信息汇总到一个决策中心，由它来发出信号。但他们真正需要的是一个具有条件反射功能的生产控制系统，允许每个生产工序向前一个工序发出需求信号。从生物学角度来解释，艾宝首先将信息送到人体的中枢大脑，而更有效的方法是将决定直接交给反射神经系统。例如：当我们把手指贴到一个很热的火炉表面上时，我们不是有系统地评估状况后，再计划如何行动最好，取而代之是我们的神经反射系统直接让我们把手指移开。这当然是正确的。这个例子可帮助我们思考推动和拉动的不同。

同样地，经理们也认识到他们的工厂完全暴露在顾客订单不稳定的冲击之下，就像一个人站在没有保护的海岸边，面对波涛汹涌的海浪一样。艾宝工厂现在就像站在没有保护的海岸边，顾客需求的波动以及不同型号需求变化的冲击，就像海浪一样不断涌来，在工厂内泛滥成灾，各个部门之间更是一片混乱。

工厂现在需要用均衡的方式来理顺顾客的需求波动，使之有秩序地运作，按时为顾客供货，同时允许各生产工序根据实际需要，到上游工序拉动物料。简而言之，他们需要创建一个均衡拉动系统！

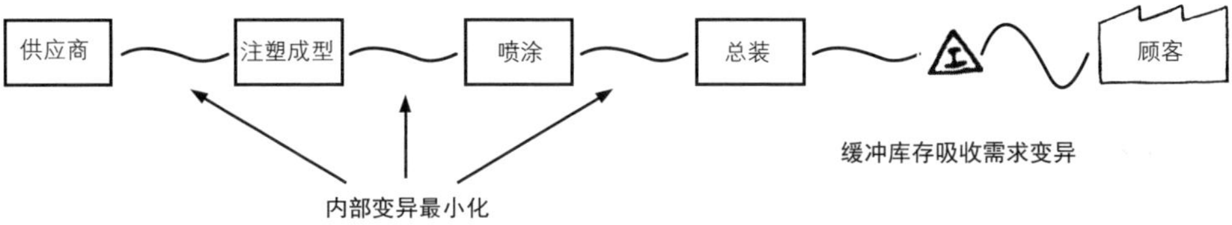

用均衡拉动系统来平滑需求波动

有很多工序可以设置战略性的缓冲库存以保护生产过程免受需求波动的影响，更好地服务顾客，改善运营业绩。本书将探讨在哪些工序需要设立缓冲库存以及库存量多少合适。艾宝的经理们确信，在正确位置设置缓冲库存能极大地提高生产效率，并改善对顾客的响应速度。

你的价值流有足够的稳定性以实现均衡拉动吗？

关于这一点，你要重点考虑的是你的生产系统是否有足够的稳定性，来支持你实施拉动式生产控制系统。一般情况下，如果每个工序的正常使用率都能达到75%~80%，像艾宝工厂一样，你就可以考虑建立拉动系统。但是，如果很多工序的产出都不稳定或者不可预测，将导致内部交付周期时间变化大，很难实现拉动式生产。在这种情况下，你需要先花些功夫做改善，提高生产的稳定性，然后再迈向均衡拉动系统。

巡视完价值流之后，艾宝的经理们决心为每个价值流建立一个精益的生产控制系统。这本书将向你展示他们是如何做的，考虑了哪些问题，采取了哪些行动，设定了哪些业绩目标（见下表），以及各项改善的实施时间。

运营业绩表——所有价值流

	最初状态	当前状态	目标状态
生产效率			
直接工人（件/人/小时）	7.8	10.2	12.5
物料搬运员（人/班）（支持这个价值流的）	24	25	15
质量*			
报废	5%	2%	<1%
返工	25%	15%	<5%
顾客质量(ppm)	500	105	<50
停工时间			
装配（分钟/班）	40	30	<5
喷涂（分钟/班）	30	15	<10
注塑成型（分钟/班）	20	20	<10
库存周转率			
全部	8	10	30
按时交货率			
对装配	60%	75%	98%
对发货	85%	85%	100%
对顾客	100%	100%	100%
交货时间			
加工时间（分钟）	126.0	125.7	125.7
生产周期（天）	36	30	12
其他			
每周加班成本	$30,000	$25,000	$0
每周加速成本	$12,000	$9,000	$0

* 质量问题不会直接在这次改善中处理，这是价值流的长期目标。

推行方法

我经常遇到这样的争论：选择哪一种策略来实施改善，从较小的范围开始还是直接从较大的范围开始，快速实施还是稳扎稳打？我的答案总是：“这要视具体情况而定，不能一概而论。”选择哪种推行方式主要取决于：

- 项目启动之初你具备的知识水平和经验；
- 团队成员对精益转型概念的接受程度；
- 快速取得成果和确保第一次就做对，哪个更重要；
- 生产系统资产的特点，例如：共享的还是专用的；
- 允许出现多大的失误。

对于那些知识和经验有限，主要的小组成员抱持观望的态度，并且不允许出现大的差错的工厂，请最好采取本书中描述的循序渐进的方式来推进。对于那些具备较多知识，或愿意请有经验的外部导师帮忙，团队成员认同程度高且士气高昂的工厂，则可以采取前面提到的较大范围展开的方式，在短时间内实施转型并取得预期的效果。当然，两种方式的最终目标及其实现方法都是相同的。根据本书中提供的信息，你可以选择其中一种最适合你的方式并取得成功。

当艾宝工厂着手创建均衡拉动系统时，管理层意识到仅有明确的业绩改善目标和提出正确的问题是远远不够的。你将发现设定一个合理的目标并不困难，同时问题的答案也是大同小异：决定艾宝工厂成功与否最关键的是组建一个正确的管理团队来推动并建立均衡拉动的生产控制系统，订立清晰的能指导每个人行动的计划、合理的改善范围，以及明确的时间表。

负责转型的推动小组

艾宝管理层明白每个人的参与都很重要，因此他们创建了一个特别的团队来负责这次改革。一位来自生产控制部门的经理被任命为改善团队的组长，因为未来执行这个系统的负责单位是生产控制部。小组成员是各部门的经理：发货、总装、喷涂、注塑成型、压铸、机加、收货、物料管理、工业工程和人力资源。具体执行工作由几个全职的同事负责，他们要经常向整个团队汇报进展状况。

艾宝制订了一个为期6个月的改善计划，在全厂实现均衡拉动系统，并确定了需要完成的任务清单、每项任务的开始和完成时间，以及具体的负责人。一般来说，6个月的改善计划是合理的，除非是非常大的工厂。

执行范围和时间的要求

艾宝或许可以在整个工厂同时开启行动，做很多计划，在某一周的周一宣布要实现从不确定的推动方式转变为均衡拉动的生产方式（有些工厂可能就是这么做的）。但是，艾宝没有这样做，因为之前没有均衡拉动的经验，而且资源有限，只有几个员工能专职从事这个项目，各部门经理还有很多正常工作要做，每周只能花几小时在这个项目上。

艾宝工厂决定分阶段实施这个项目：

首先选择在外视镜这个产品族里实施均衡拉动：从发货区开始逆流而上，接着在两个外视镜总装单元，然后在喷涂区域，最后在注塑成型实现均衡拉动。2个月后，他们在外视镜产品族的价值流里建立了一个非常有效的均衡拉动系统。由于工厂内其他部分依旧按原来的生产控制模式运作，所以这个改善对于提升整个工厂的业绩水平影响有限。但是，由此得到的经验让他们对均衡拉动有了更进一步的了解，经过这次学习，意见不同的经理们对均衡拉动这个概念的接受程度大大提高。接下来，艾宝工厂花了 4 个月的时间在全工厂实现了均衡拉动。

艾宝工厂在实施“系统化改善”的过程中极大地巩固并完善了先前实施的“局部改善”和“流动改善”的成果，取得了巨大的收益，同时也经受了相当大的挑战。现在，让我们一起重温他们的改善之旅。

第二部分　使生产系统的能力和需求相匹配

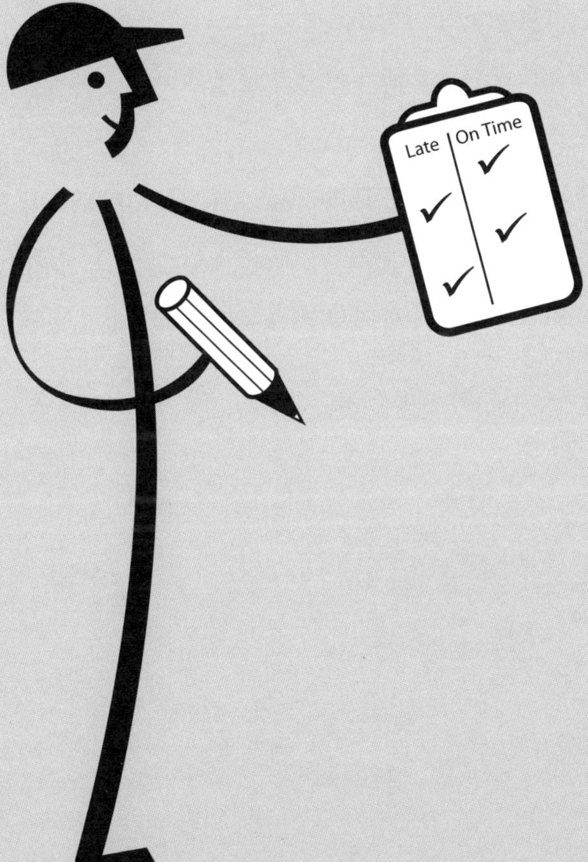

第二部分　使生产系统的能力和需求相匹配

满足顾客要求

问题一：哪些产品应该保持成品库存？哪些产品应该只按顾客确认的订单生产？

选择按库存生产或接单生产

问题二：为了满足顾客需要并且不扰乱正常的生产过程，对于设定成品库存的产品，各型号产品的库存量分别是多少？

问题三：艾宝工厂应如何在成品超市存放各型号的成品？如何使成品库存管理变得简单有效？

满足顾客要求

为了实现均衡拉动系统，艾宝的改善团队选择了从外视镜价值流里最靠近顾客的工序开始。这就是说，首先要考虑的是内部价值流的最末端——发货工序。

简化处理

艾宝工厂用两个装配单元来满足顾客对外视镜的需求：一个单元生产左外视镜，另一个单元生产右外视镜。这两个生产单元使用的工装已经被简化，换模速度也加快了。发货工序从这两个单元分别接收左外视镜和右外视镜。

艾宝首先从其中的一个装配单元——左外视镜装配单元开始。本章和下一章都是在谈这个装配单元。稍后我们会再加上另一个装配单元来进行思考。

当你领导实施均衡拉动系统时，也一样需要进行类似的简化处理。请牢记，当你的知识或者资源有限时，最好从简单入手并快速取得成绩，而不要急于把面铺得太宽，触及太多太复杂的过程（问题），致使自己深陷泥沼。

艾宝工厂总是能够按时发货给顾客，这也是进入这个行业的起码要求，汽车整车厂从来不允许因为供应商缺件而停产。在艾宝工厂，各型号的产品都保有大量的缓冲库存，工厂就是利用这种方法来解决按时发货问题的。

当出现零件短缺时，艾宝首先支付高昂的加班费并加速产品生产过程，而不考虑现有的大量成品库存。与此同时，工厂内部上游过程顺畅的生产状况被破坏。现有生产控制系统的工作表现太差了。艾宝的改善团队在巡视价值流时获得了新的见解。他们问了三个简单的问题：

1. 哪些产品应该保持成品库存？哪些产品应该只按顾客确认的订单生产？

2. 为了满足顾客需要并且不扰乱正常的生产过程，对于设定成品库存的产品，各型号产品的库存量分别是多少？

3. 艾宝工厂应如何在成品超市存放各型号的成品？如何使成品库存管理变得简单有效？

这些也是你在实施均衡拉动系统时要回答的第一组问题。

不是说所有的库存都是浪费吗？

在精益生产中，库存难道不是七大浪费之一吗？是的，丰田的确把库存列为七种浪费之一。

那么，为什么还要保持甚至增加一些成品库存呢？原因很简单，假如不保持足够的合理的成品库存，整个价值流里就会产生更大的其他形式的浪费：等待、过度运输、额外付出（加速）、加班和大量的中间库存。

当然，最理想的情况是我们有一个100%按订单生产的系统，这个系统交付周期极短，没有生产短缺，没有产能瓶颈，没有成品库存。事实上，就绝大多数行业而言，顾客容许的交付周期都很短，这样的系统是不切实际的。在正确的地方保持合理的库存是一个非常明智的办法，能够有效缓冲外部需求的冲击，进而减轻内部过程的不稳定。除非你有足够的产能来做到100%按时生产，100%按时发货而几乎不需要生产周期时间，同时和顾客一起合作平滑了需求的波动，否则你仍需要保留一定的合理的库存作为缓冲。额外的产能和较长的响应时间也可以作为缓冲，但这都是占用成本的，要么是以过度投资的形式，要么是以顾客等待的形式。

企图理想化地消除所有的库存只能让你走向失败，除非你事先解决了那些要求你保持库存的问题。换句话讲，现在流行的所谓“降低库存水平，让暗礁露出来”，听起来是很好，可一旦这么做了，除非你有办法在被撞之前解决障碍物，否则最终结果就是看到了一些暗礁和自己船上被撞出的大窟窿。总之，在你创建均衡拉动系统时要清醒地面对现实。

问题一：哪些产品应该保持成品库存？哪些产品应该只按顾客确认的订单生产？

像许多制造商一样，艾宝工厂各型号外视镜的需求及其比例变化很大，共有 25 种左外视镜，因颜色和复杂程度而异（例如：手工调整的、电子的、热处理过的、未热处理过的、合成颜色的）。下图展示的是各型号产品需求比例的分布情况。

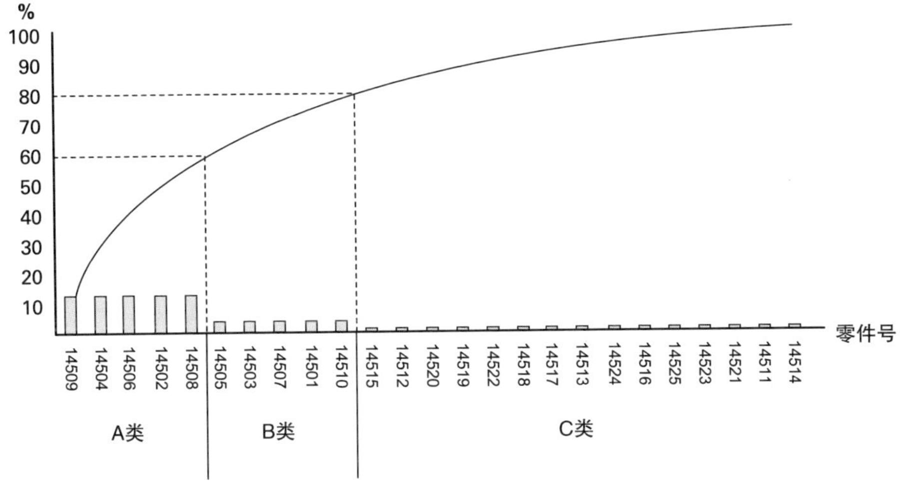

各型号产品需求比例分布图

图中圆柱代表的是每个型号的需求量占总需求量的百分比，曲线表示的是各型号需求量的累计百分比。例如：前5个型号合计占总需求量的60%，前10个型号合计占总需求量的80%。

艾宝应用这些数据对它的产品进行了“需求ABC分析”。不要把精益所谈的“需求ABC分析”和很多公司常用的以年采购金额所谈的“库存ABC分析”混淆了。经理们发现在25个型号中，需求量最大的前5个型号的需求量之和占总需求量的60%，这些型号每天都有订货。他们把这5个型号归为A类，也称作常用型号（High Runners）。另外5个需求量较大的型号的需求量之和占总需求量的20%，这些型号虽然不是每天都有订单但订货也是很频繁的。他们把这5个型号归为B类，也称作一般型号（Medium Runners）。其他15个型号产品的需求量之和占总需求量的20%，这些型号的订货并不频繁，而且每次订货的数量变化很大。他们把这15个型号归为C类，也称作不常用型号（Low Runners）。这类产品的型号主要是一些颜色不常见的、复合制造的、特殊设计的或用于替换的产品，其中许多都用于已停产的车辆。

艾宝过去是通过集中的计划方式来处理这三种类型的产品的，每个型号都保留相当数量的成品库存。但由于大批量的处理方式和较长的产品生产周期，工厂仍会出现成品短缺，迫使加速生产和发货。

选择按库存生产或接单生产

通过“需求ABC分析”，基于内部生产过程的能力表现，艾宝现在已经能够作出决定：哪些设置成品库存，哪些按订单生产。下表是他们自己列出的几种可能的选择：

设置成品库存还是按订单生产

选择	优点	缺点	艾宝的状况	艾宝的决定
1. 所有产品都保持成品库存（A类、B类、C类），按库存生产——补充拉动系统	所有产品都能快速发货	每个型号都保持成品库存；需要更多的存储空间	成品库存超市和发货区无法做到所有零件都保持库存	出于布局和成品型号数量的原因，这在艾宝是不现实的
2. 不保持成品库存，所有型号都按订单生产——顺序拉动系统	库存很少，相应的浪费也很少	要求内部过程极其稳定，生产周期很短	生产周期很长，喷涂过程非常不稳定	就当前的生产周期和过程能力而言是不现实的
3a. C类产品保持一定的成品库存，A类和B类每天按订单生产——混合拉动系统	库存较少	需要混线生产控制，每天过程都必须高度稳定	每天过程都高度稳定不能保证	这可能是未来下一步的目标
3b. A类和B类产品保持一定的成品库存，C类每天按订单生产——混合拉动系统	库存稍高一些，但还算适中	需要混线生产控制，提高C类产品的可见度	当前状况下最可行	当前的最好选择

选择 #1 是最安全也是最容易实现的办法，但这个办法需要持有非常高的成品成本，并且需要很大的存储空间。现实的情况是，艾宝还需要腾出更多的场地给来年即将投放市场的新产品。

超市拉动系统（也称补充拉动系统）

选择 #1 要求每种型号的产品都保持成品库存，通过顾客拉动来触发生产，在精益生产中称为超市拉动系统，也称补充拉动系统：仅在成品被消耗时触发产品补充。在这种情况下，生产指令从成品超市经由生产均衡柜被送到组装单元，然后通过看板系统依次向上游工序下达生产指令。

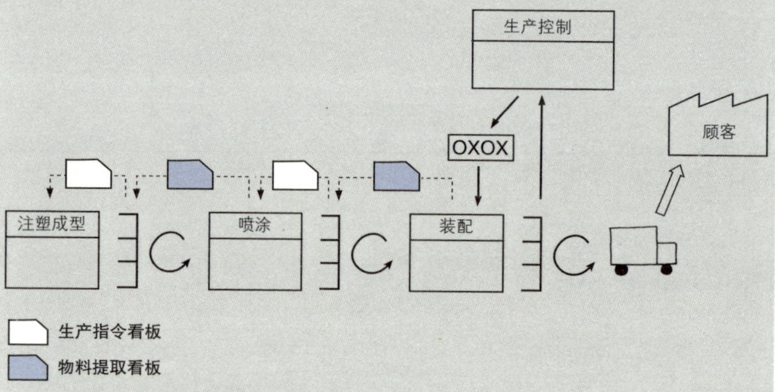

选择 #2 在当前是不现实的，因为目前的生产周期是 30 天，再加上生产过程不是特别稳定，尤其在喷涂区域。没有哪个顾客能够在这么早的时间里下达 100%确认的采购订单。即使顾客做到了这一点，艾宝也无法确保所有型号都能按时交货。

顺序拉动系统

按顾客订单生产所有型号的产品，像选择 #2 所描述的，在精益生产中被称为顺序拉动系统：根据顾客的需求生产各型号的产品，将生产指令下到价值流开始的第一个工序。与补充拉动系统相比，因为很难按节拍时间控制流动的节奏，因此需要花较多的精力来管理。除非工厂的内部生产周期较短并且相对稳定、设备正常使用率高，否则这个方法很难执行。即使在实施精益成功的公司，像丰田，只有当生产能力很高，并且下游工序或顾客需要按订单生产时，才采用顺序拉动系统。

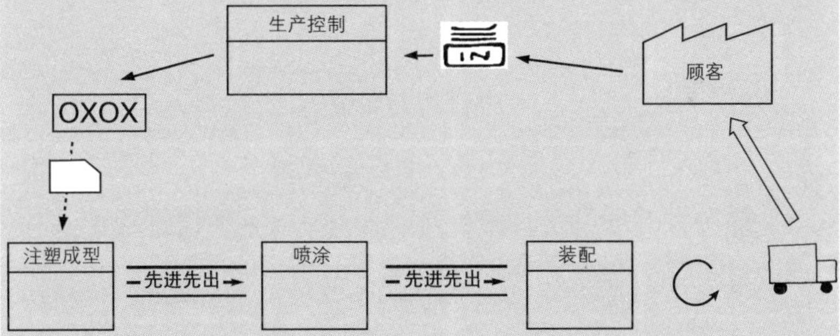

选择 #3a 的方法非常诱人，因为可以降低高需求量的 A 类和 B 类产品的总体库存并维持在最低水平。它要求装配单元随

时能得到合格的喷涂产品，组装好后按计划转运到发货区域。改善团队认为一旦生产周期缩短，并且喷涂过程的能力提高的话，这是一个很好的选择，可以把它定为未来的目标。但在目前的情况下，这种方式的风险太高。

就满足顾客的需要和当前艾宝工厂的状况而言，选择 #3b 是最适合的方法。这是一种按订单顺序生产和补充拉动组成的混合拉动系统。对于 A 类和 B 类产品，艾宝要保持适量的成品库存，对于 C 类产品，只按照顾客的订单顺序安排生产。第三部分和第四部分将详细解释艾宝是如何处理 C 类需求的。

混合拉动系统

艾宝选择 #3 的方法，一个混合拉动系统：顺序拉动和补充拉动相结合。当大多数产品被频繁订购，同时也掺杂一些不常订购的产品时，这个系统非常有效。艾宝选择将 C 类产品装配用的零件存放在喷涂工序后的超市里，然后按订单进行装配，与下图略有不同。下图显示的是最常用的方式：C 类产品生产指令下到价值流的开始工序——注塑成型。

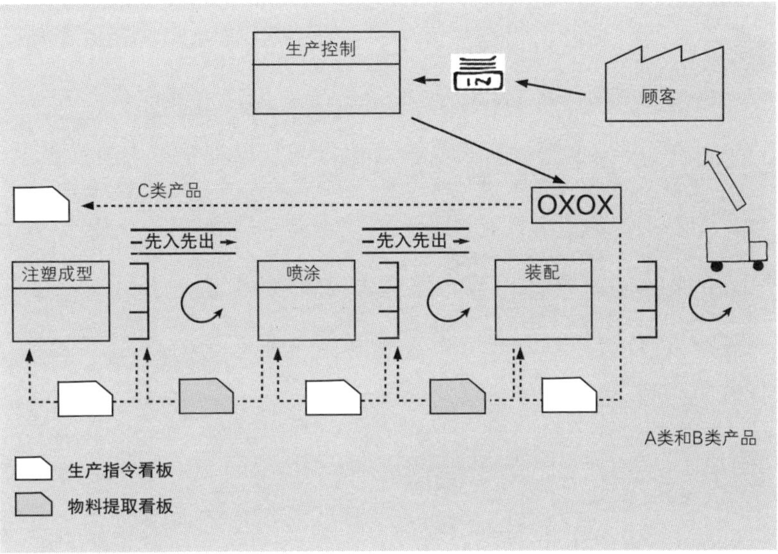

选择混合拉动系统，艾宝只需花少量时间来管理占 80% 产量的 A 类和 B 类产品，这些产品会根据顾客的消耗每天或每几天自动补充。这使艾宝的经理们能集中精力关注更需要注意的 C 类产品。

处理 A&B 类和 C 类：同时还是分别？

你可能需要仔细思考是否把 C 类产品安排在和 A&B 类产品同样的装配单元中生产。如果 C 类产品的工作内容与 A&B

类差别很大或者换模比较复杂，或许你应该考虑把C类产品安排到一个专门用来生产小批量但高度柔性的装配单元来生产。这个单元也可以用来生产其他产品族中批量较小的产品。

用一个专门的单元来生产C类产品，可以简化A&B类产品线的拉动系统。而且，某些行业的C类产品（例如：备件），其利润率远高于A&B类产品，使用不同的单元来生产A&B类和C类产品更符合经济效益，即使这样做成本会略高一点儿。

在艾宝这个案例中，因为C类产品在装配线的工作内容和换模时间与A&B类产品的区别不大，所以将这三类产品都安排在同一个装配单元生产。当你实施均衡拉动系统时，必须考虑清楚究竟采用哪种选择。花时间慎重评估不同的选择，收集工厂当前的操作数据以及顾客需求的模式，将有助于提高贵工厂均衡拉动系统的业绩水平。

问题二：为了满足顾客需要并且不扰乱正常的生产过程，对于设定成品库存的产品，各型号产品的库存量分别是多少？

现在已经决定实施混合拉动系统，并为 A&B 类产品设定成品库存，接下来的问题就是各型号产品的库存量应该是多少。经过讨论，改善团队找到了一个简单的公式来计算初始的成品库存水平。

成品库存的计算

	平均日需求 × 补充周期(天)	周转库存
+	以周转库存的百分比表达的需求波动幅度	缓冲库存
+	以周转库存和缓冲库存之和的百分比表达的安全系数	安全库存
=		成品库存

型号 #14509 成品库存的计算

	160 × 5*	周转库存	800
+	25%** × 800	缓冲库存	200
+	20%*** ×（800+200）	安全库存	200
=		成品库存	1200

* 该零件每周安排生产一次，平均日需求是 160 个。

** 允许两个标准差的需求变异，也就是说大约 95% 的正常订单都能被满足。必要时可以选择三个及以上的标准差以克服更高的需求波动。

*** 艾宝可能发生的最坏情况：报废、返工、停产时间等。

因为这个公式非常重要，所以我们需要作一些解释。

艾宝决定用型号 #14509 做试验，因此第一步是决定每天平均需求量。艾宝以 3 个月为期来得出这一数据。当然，你也可以使用更长或者更短的时间跨度，这主要取决于产品的季节性和市场情况的变化。型号 #14509 的平均日需求是 160 个。这个零件只在每周第五个工作日生产，所以补充周期是 5 天。因此，需要的最大周转库存是 800 个（160×5）。否则，这个零件就会在下一个补充日期到来之前被用光。在这 5 天的周转期间内，这个数量会逐步降低，直至为零，当这个数量为零的时候，下一批补充的成品（800 个）刚好到达，如此反复，因此称为“周转库存”（见第 40 页成品库存实例）。

在这 5 天周转期内，如果需求有很大的增量，而下一次补充的成品又没到来，该怎么办呢？公式中的第二个要素——缓冲库存，通过采用标准差的统计技术来处理这个问题。标准差用于计算在一定补充周期（在这个例子中是 5 天）内需求可能会有多大的差异。艾宝根据平均日需求两个标准差的水平来设定其缓冲库存，这意味着大约 95% 的顾客订单能够被满足（当然，你也可以选择更高或者更低一点儿的满足率）。这个零件两个标准差的量相当于800的25%，或者说是200个成品。你可以在任何一本统计学的教科书中找到关于如何计算标准差的公式和方法。

现实中，经常会出于设备停产、质量问题或者物料没有按计划到达等原因导致生产量不足，这时该怎么办？公式中第三个，也是最后一个要素——安全库存，就可以解决这个问题。基于前三个月的有关数据，艾宝算出可能出现的最大不足量是周转库存与缓冲库存之和的20%，1000个的20%，也就是200个成品。艾宝的喷涂过程是最不稳定的一个工序，最坏的情况下一天的返工率高达15%。另外，停工和报废损失等原因占了5%。你要选择较低还是较高的百分比，主要取决于你对工厂生产过程稳定性和处理问题能力的判断。请注意，一定要依据近期的实际数据而不是生产经理对未来生产稳定性的承诺来计算。随着不断改善，总的库存量可以逐步降低。开始时库存设定得高一些，会比库存设定得太低遇到的困难少，有利于建立信心，顺利进行改善。

把最大周转库存800个、缓冲库存200个和安全库存200个加起来，艾宝算出型号#14509的最大成品库存是1200个。显而易见，如果所有情况都正常的话，在每周一次的补充之前，这个型号的最低库存是400个。

艾宝工厂选择这个成品库存计算公式有两个原因：第一，它很简单，每个人都能理解它；第二，它强调控制内部生产周期（即补充物料频率）的重要性，缩短生产周期是艾宝降低库存最好的方法，这对艾宝精益项目的成功至关重要。

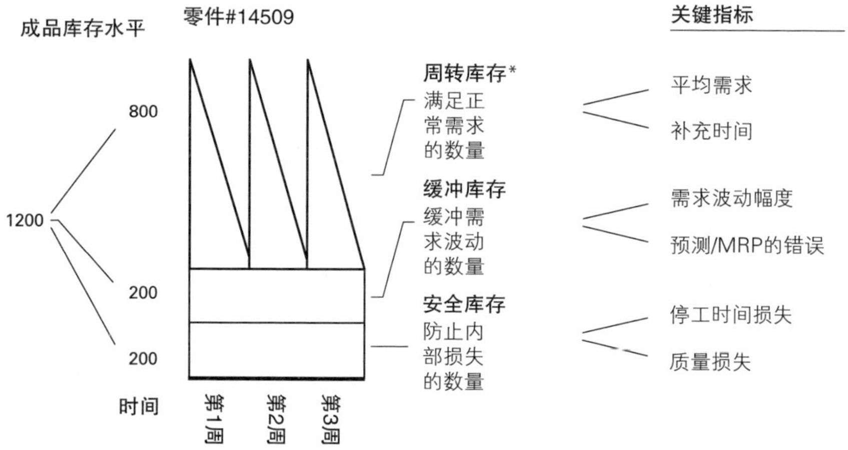

成品库存实例

* 每隔三周重新核定一次平均日需求量。超出平均需求的部分或者由于质量问题和设备停机导致的生产不足的部分将由缓冲库存和安全库存来补足。

按照上面的方法计算出价值流中每个零件的最大成品库存量，与目前艾宝的外视镜库存量相差无几。但这只是 A 类和 B 类型号产品的成品库存总和。在未来，也可能只有 C 类产品的成品放在成品超市，仅为满足某些客户较大量的订单而适当提前生产的库存。

为了转变到新系统，艾宝的生产控制部门安排周末加班生产，为 A 类和 B 类各型号产品建立起必要的库存。在过渡期，已有的 C 类产品被放置到一个特别的位置，并标志清楚，一直等到用完后，有新的订单时才再开始按单生产。

问题三：艾宝工厂应如何在成品超市存放各型号的成品？如何使成品库存管理变得简单有效？

艾宝的项目团队决定改变成品入库的操作方法。以前当成品入库时，物料员用手持扫描仪扫描成品的条形码，然后把它放到货架上任意一个空位上，再把这个库位号扫描进系统。虽然理论上很好，但这个系统经常出现人为错误，产品“丢失”后不久又在另外一个位置被发现。同时，因为同一物料不放在一起，很难进行目视化管理，所以无法实施先进先出的运输方法。艾宝需要把扫描的优势和目视化的方法结合起来以更好地管理成品库存。

为了做到这一点，艾宝深入学习了目视化和现场管理的精益概念。精心策划，为每个型号的产品安排了一个指定的存放位置，确保先进先出。同时，改善团队还在每个存放位置的上方悬挂了标志牌，清楚地标示出每个产品的最大库存量，使大家能用目视化的方法迅速区分正常与异常情况。这项改进消除了每天寻找产品浪费的时间，提高了发货部门的工作效率。

艾宝工厂的生产控制部门设计了一个“成品库存跟踪表”，以便及时跟踪和进行日常管理。每个产品的库存都被分成三类：周转库存、缓冲库存和安全库存。发货部门每天定时更新 A&B 类产品的各项数据。这些数据经常变化，尤其是周转库存。这个表让大家很容易判断成品库存是否处于正常范围，并帮助发货和生产管理部门就库存的状况达成共识：哪些将要发运，哪些需要优先生产。

成品库存跟踪表

成品库存				
零件号	安全库存 最大数量/实际数量*	缓冲库存 最大数量/实际数量*	周转库存 最大数量/实际数量*	周二下午3：05
A类产品				
14509	200/200	200/200	800/900	超过100
14504	175/175	175/175	700/600	正常
14506	150/150	150/150	600/450	正常
14502	125/125	125/125	600/300	正常
14508	100/100	100/50	600/0	消耗了缓冲库存
B类产品				
14505	100/100	100/100	300/100	正常
14503	100/100	100/100	200/50	正常
14507	100/100	100/100	200/50	正常
14501	100/100	100/100	200/100	正常
14510	100/100	100/100	100/0	周转库存用光了
C类产品**				

* 实际数量是每天下午 3 点第一班生产和发货都完毕后记录的。

** C 类产品是按订单生产的，不存储成品库存。根据现在的计划，当有顾客需求时，C 类产品将被插入到生产 A&B 类产品的装配单元进行生产，必要时安排加班。

为了简化流动，组装后的所有成品都存储在靠近发货区的成品超市。缓冲库存和安全库存在货架上被清楚地标志出来，并与周转库存分开存放。艾宝采取的库存管理的规则是：

- 只有得到生产管理部门批准，缓冲库存的成品才可以被发走。
- 生产部门和生产管理部门一起检查缓冲库存的使用情况，了解波动的原因，并确认顾客的需求是有长期性的变化，还是偶尔一次的波动。
- 只有得到工厂经理批准后，安全库存的成品才可以被取走。消耗安全库存的成品警示生产发生了严重问题需要立即采取对策，并调查根本原因。

收到发货指令后，在发货前几小时，发货部门从成品超市提取需要的成品。生产管理部门可以暂时采用最简单的手写方式制作生产计划，每天发货后按实际数据计算出需要生产部门补充的数量。

短期内，生产管理部门在发货的前几天交给生产部门需要的 C 类产品生产清单，生产部门利用生产 A&B 类产品之余的时间生产 C 类产品，必要时可以安排加班。当 C 类产品全部生产完毕后，发货部门再将其集中运到发货区，和 A&B 类产品一起在下一次发运时发走。

因为装配单元生产批量大于平常顾客每天提走的数量，因此艾宝不能做到发走多少生产多少，也做不到小批量生产。但是，这个工厂已经接近做到 A&B 类产品每天补充生产，C 类产品每天按订单生产。当然，这并不是艾宝的最终目标。伴随着艾宝的精益之旅，我们将会看到工厂在进一步建立一个稳定的生产系统的基础上，如何改善每日生产计划与管理的作业程序。

让一切清清楚楚：正常还是异常

建议你像艾宝一样管理库存并将之分类。这样做的目的是让每个人一眼就可以看出库存水平是正常还是异常。正确地做到这一点有助于让基层负起责任并控制成品库存，及时将问题显露出来，并反馈给经理和员工。此外，还能取消大量的仅仅在生产管理部门才能看到的计算机报告。

使生产系统的能力和需求相匹配——成功的关键

●总是到现场（生产线）去观察、收集数据和了解实际情况。不要依赖第二手信息。

●确保你的生产过程保持稳定，通过安全库存可以克服生产线上出现的种种异常状况。如果目前还做不到这一点，找出根本原因并动手解决这些问题，然后再开始施行均衡拉动系统。

●将你的顾客需求按 A、B、C 分类并选择最适合你的拉动系统。

●为了实现不需要加班或快递运输就能按时发货给顾客，请仔细计算每个型号的成品需要的周转库存、缓冲库存和安全库存的数量。

●在成品超市和发货区域实施 5S 和目视化管理。

●不断努力使每个操作员、运输员对成品库存的正常与否都能了然于心。

第三部分　创建“定拍工序”

第三部分　创建“定拍工序”

建立“定拍工序”

问题四：在价值流的哪一点（定拍工序）安排生产计划？

问题五：如何在“定拍工序”均衡拉动？

问题六：如何传递需求到“定拍工序”并形成拉动？

定拍工序总结

建立“定拍工序”

艾宝经理们对当前顾客需求及其在工厂内引起的各种问题有了详尽的了解。为了达成稳定生产的第一步，他们确定了哪些型号的产品需要建立成品库存，以及库存的数量，如何管理成品库存超市并善用目视化管理。

一周之后，成品超市运作的结果让人鼓舞：加急生产的订单数量降低了 1/3，每天平均加班时间从 1 小时降低到 40 分钟（主要是生产 A&B 类成品，把它们补充到设定的库存水平），准时出货率也从 85% 提高到 92%。

看到状况有所好转艾宝改善团队非常高兴，但他们知道现在并没有解决根本问题。因为装配、喷涂和注塑等各工序要满足多个生产指令，部门之间以及生产和成品超市之间要做到及时物料补充还相当困难。

为了找出根本原因，艾宝改善团队需要确定在价值流的哪一点安排计划，即建立一个定拍工序，传递需求，均衡拉动。解决这个问题有助于更有效地管理整个工厂的生产过程。

问题四：在价值流的哪一点（定拍工序）安排生产计划？

改善团队再次检视左外视镜的价值流图，这次将重点放在信息流上。

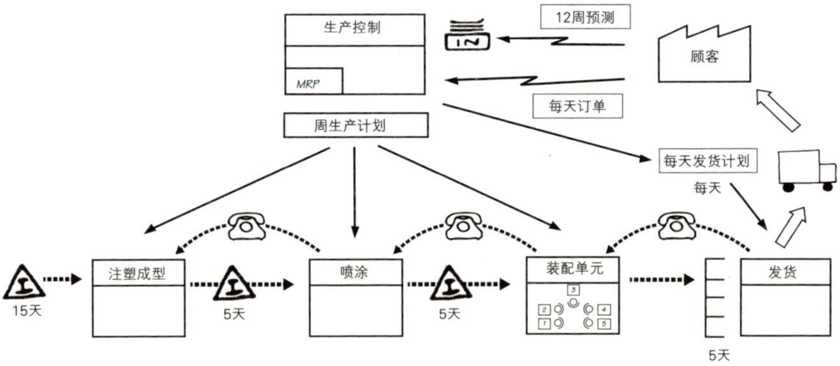

左外视镜价值流图

这个价值流图显示每周为 3 个不同的生产单元做生产计划，加上每天的发货计划，一共是 4 个不同的计划。由于注塑成型和喷涂的过程是与其他价值流共享的，因此这两项生产计划格外复杂。正如上图所示，每个工序都打电话到前一工序，废止了原来的生产计划，并发出不同的指令来生产立即需要的产品。

在一个价值流里，发送指令越多的单位，出错的概率就越大。

改善团队收集信息，了解生产主管和操作员是如何看待现有生产计划的：

- 装配单元操作员："生产计划每周至少修改 5 次，因此我对它信心不大。"
- 注塑操作员："我等待喷涂区的指令，这种方式让我知道哪些是紧急的。"
- 注塑操作员："有几个零件是经常用的关键件，因此我尽可能以最大的批量生产它们，直到不得不换模为止。"
- 喷涂区组长："生产计划是一个大概的指导，根据经验我们知道该做什么。"
- 装配单元操作员："我的业绩是以生产效率为衡量指标，并不是按照计划生产，因此我尽量多生产些产品。"

以上这些信息说明艾宝工厂每天的生产计划，在做出后不久就成为无效的计划。有时，即使是正确的计划也常常被放置一旁。因为有多个发送指令的单位，再加上不稳定的预测，较长的交付周期，大批量生产，以及各个部门以自我为中心的衡量指标，使得艾宝各生产部门——注塑成型加工、喷涂、装配——之间相互掣肘。他们考虑的是“怎样做对我的部门最有利”，而不是“顾客需要什么”。其结果，一方面是过量的库存，另一方面仍无法满足在正确的时间、以正确的数量为顾客生产正确的零件。为了解决上述问题，艾宝改善团队需要在价值流里指定一个唯一的计划点来接收生产管理部门的生产计划。这个计划点在精益的概念中称为“定拍工序”。

传统的生产计划赶不上实际需要，但也不用将之抛开不用

通过目前的业绩状况及其一线经理、操作员的反馈来看，艾宝属于典型的采用传统计划方式来生产的工厂。理论上，以 MRP 系统为中心同时向每个部门分别发出生产计划，能使每个人都被通知到并保持相同的工作节奏，但实际上很难实现。因为当交付周期、报废率、产出率等发生变化时，当初的计划就无可避免地需要改变了。

早期 MRP 系统建立在一个不合理的假设上，那就是系统的产能是无穷的，同时任由工序建立额外的缓冲和安全库存。虽然近期的 MRP 系统已经有了很大改进，但生产现场是一个高度动态变化的场所，每天从早到晚几乎每分钟都在发生变化，而 MRP 系统是按照固定的“时间间隔”来工作的，“时间间隔”的跨度通常是从一班工作时间到一周工作时间不等。MRP 的准确性依赖于实时地更新生产现场的实际状况，但这个要求很难实现。生产计划、生产状况和库存水平等信息经常在午夜至凌晨时分被更新，这对于及时解决白天发生的问题毫无用处。

这意味着你应该抛弃 MRP 系统或者对 IT 持反对态度吗？当然不是。你需要了解 MRP 系统的问题和局限性。制造业总是需要一个类似于 MRP 的系统来管理产品清单（BOM）、制订粗略的生产计划、处理市场的信息预测以及完成其他生产规划任务。但是，即使是最先进的 MRP 系统也做不到实时地更新并控制各生产工序之间的生产过程。这些都是我们在艾宝看到的现象。

用“定拍工序”来拉动生产远远优于大多数标准 MRP 系统。操作员能迅速察觉到不断变化的生产状况，并采取相应的对策，不会有“等到第二天再说”或者“等到下一个生产指令”的拖延，对问题的响应几乎是同步的。同时，这种现场管理的方式把解决问题的责任和能力交付给实际操作的工人。

信息技术在不断地改进，但要想把 MRP 和精益相配合还存在许多的挑战。

选择“定拍工序”的指导原则

艾宝需要选择一个工序并把它作为整个价值流的“定拍工序”，来消除许多让人混淆的信息，以期最终能让每个人都按照“定拍工序”的节拍时间作业。将节拍时间与看板相结合，就能够按顾客的需求顺畅地在价值流中拉动物料。

选择“定拍工序”时，艾宝遵循下列原则：

- 在补充拉动系统里，装配单元是“定拍工序”。
- 在顺序拉动的生产系统里，“定拍工序”通常是价值流开始的第一道工序。但是如果可能，应该考虑将定拍工序放在下游，在生产库存之前的那个工序。

显而易见，在艾宝装配单元应该是 A&B 类产品的“定拍工序”。但对于 C 类产品，有点儿让人左右为难。一种方法是把注塑工序作为定拍工序，但是注塑和装配单元之间的喷涂工序不是很稳定，这意味着有些 C 类产品可能无法按时到达装配单元。这是顺序拉动系统的一个常见问题。因为只有严格遵守先进先出，并按照节拍时间同步流动，否则你实施的就是顺序推动而不是顺序拉动！

由于喷涂工序的不稳定，为了简化问题，艾宝工厂决定在喷涂和装配单元之间建立一个喷涂后C类产品超市，只在接到顾客订单时才拉动装配最终成品。为了做到这一点，艾宝将使用一个生产计划，稍后我们会阐述这个方法。通过唯一的计划点来拉动装配生产，将简化过去使用多个信息指令的生产管理方式。

问题五：如何在“定拍工序”均衡拉动？

或许你还不知道，两年之前，艾宝在创建装配连续流时就已经尝试均衡拉动了。主要是通过实施标准化，按节拍时间工作来实现的。运营团队组织了2个外视镜生产单元，按54秒的节拍时间生产，一班450分钟，每天产出500件。以前不规律的产出被“每班固定产量”所取代。当顾客需求出现激增或者下降时，装配单元会安排加班生产和提前停产。现在不同的是，我们希望生产单元在任何时间都能按一个相同的速度生产，当顾客的长期需求发生变化导致节拍时间改变时才进行变更。

现在，艾宝需要减小生产批量并按不同型号来均衡生产，以满足顾客每天的真实需求。从下面的表格（艾宝顾客订单和生产计划对比表），你会发现艾宝当前每个产品的计划批量是500件，这与每天顾客的实际需求相去甚远。

艾宝顾客订单和生产计划对比表

			顾客需求量	最终装配生产计划（左外视镜单元）	
零件号	需求类别	镜子描述	周一订单	周一第一班	周一第二班
14509	A	黑色、需要热处理	140	500	0
14504	A	黑色、不需要热处理	110	0	500
14506	A	白色、需要热处理	120	0	0
14502	A	白色、不需要热处理	120	0	0
14508	A	红色、需要热处理	110	0	0
14505	B	银色、需要热处理	70	0	0
14503	B	黄色、需要热处理	60	0	0
14507	B	青铜色、需要热处理	70	0	0
14511	C	紫色、需要热处理	100	0	0
14512	C	金色、需要热处理	100	0	0
		合计	1,000	500	500

艾宝经理们过去一直采取大批量生产，因为他们坚信这种方式会使工厂运行得更有效率。在实施精益之前，换模时间相当长，一方面要更换模具，另一方面要确保所有正确的材料都

被放到单元里正确的位置，然后才能开始生产下一个产品，因而导致生产线有相当时间的停顿。这个停顿无疑是一项“生产效率损失”，他们认为通过大批量生产来减少换模次数就能把这项损失降到最低限度。

换模次数越少生产效率就会越高，这种观念在艾宝公司深入人心。注塑成型加工和喷涂区域的换模时间更长，他们的经理更坚信这一点。当计划喷涂某种颜色的产品时，喷涂部门总是尽量多做，每种颜色至少喷 1000 个，经常力争再喷涂 2~3 次同样颜色的产品以避免转换颜色的准备工作。注塑车间随后就按照喷涂计划数量的 2 倍安排生产（比如 2000 个），以尽可能减少因换模造成的停机时间，虽然这样耗时会更多。

沿着价值流往上游走，看每个工序的批量，越往上游批量越大。顾客需求的每部车只需一对左右外视镜（通常每辆汽车需要的是不同颜色和型号），而由此沿着价值流引出的结果却是越往上游，批量的大小和顾客的需求相比越不均衡（见供应链价值流的抽样批量对比图）。

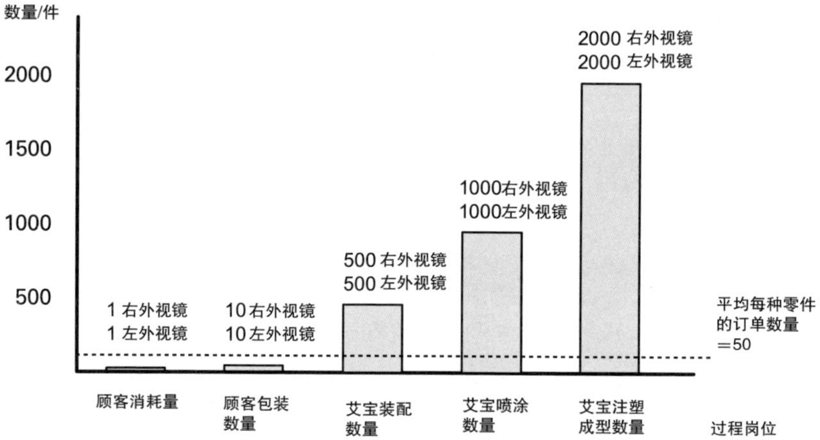

供应链价值流的抽样批量对比图

艾宝管理层开始认识到他们以前对生产效率的定义是错误的。过去，为了提高价值流上的每个区域——装配、喷涂、注塑成型的生产效率，艾宝采取远超顾客需要量的大批量生产。每个工序“局部效率”很高，但整个工序的“系统效率”却很差。因为要承担持有库存的成本、空间场地的成本、加速寻找和运输物料的成本，以及额外的管理费用，导致整个价值流的效率非常低。

现在艾宝管理层认识到小批量生产也可以降低库存，因为成品补充得快，需要的库存量就减少。他们参考本书第 37 页的公式，计算出合理的最小成品库存量。要想缩短定拍工序补充物料的周期时间，只有降低生产批量，才能实现最终成品库存的减少。

举例来说，假设艾宝能做到每天生产 5 种 A 类产品，而不是每周生产一次；每两天生产一次 5 种 B 类产品（而不是每周生产一次）的话，他们就能把 A&B 类产品的成品库存分别降低 80% 和 20%（见缩短周期降低成品库存图）。

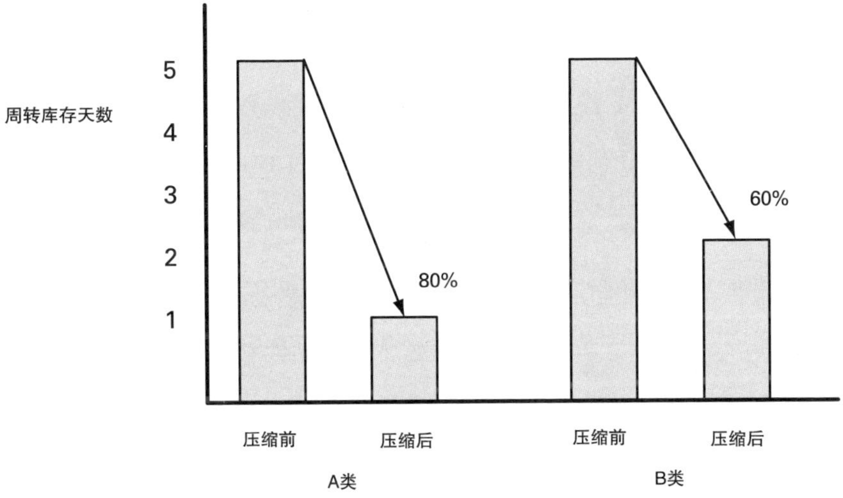

缩短周期降低成品库存图

现在改善团队了解到定拍工序批量的重要性，应该尽可能地减小而不是增大，但能否实施取决于下面 3 个因素：

A. 不同产品之间工作内容的差异

B. 不同型号之间的换模时间

C. 单位制造时间的间隔

A. 不同产品之间工作内容的差异

即便我们在定拍工序按型号和数量实现了均衡，但由于不同产品的工作步骤或内容差别很大，仍可能为操作者带来不合理的负担。幸运的是，艾宝在两年前建立装配单元时就已经非常仔细地评估了各型号产品的工作内容，发现其中差别不是很大，并且没有任何产品的工作内容超出节拍时间的要求。

最容易做的产品是不需要热处理的手动外视镜，每个产品只需要 45 秒就能完成。最难做的是需要热处理的电动外视镜，每个产品需要 54 秒才能做完。各型号产品的平均工作内容是 50 秒，而节拍时间是 54 秒，因此工作内容的差异不是艾宝执行小批量生产的障碍。事实上，节拍时间是 54 秒，将需要热处理的电动外视镜的批量从每次生产 500 个降到较小的数量，会使单元生产操作更加顺畅。因为这样还可以匀出一些时间来应对生产线上不可避免的其他变化。

当你考虑采用均衡拉动时，可以趁机重新评估各型号产品的工作内容。在推动生产的环境里，工作内容的差异可能没有被发现，尤其当工作内容超出节拍时间时，但在一个成功的拉动系统中却容易被凸显。

B. 不同型号之间需要换模的时间

如果在装配单元实施定拍工序，而其换模时间很长的话，将很难实施小批量的均衡拉动，因为这会损失很多生产时间。幸运的是，早在两年前艾宝就已经将定拍工序的换模时间降低到 0。包括更换模具与夹具以及生产下一个型号所需材料被补充到位的时间。这意味着在艾宝不存在出于换模的原因而有最小批量的限制。艾宝管理层先前没有把这项改进延伸到减小批量，只把从换模省下来的时间全部用于生产了。

C. 单位制造时间的间隔

当工作内容的差异和换模时间不构成减小批量的障碍时，单位制造时间决定了在定拍工序均衡拉动各型号产品的最大单位数量。单位制造时间是一个精益的概念，其计算公式是节拍时间乘以单位包装数量。例如：每 10 个外视镜包装在一个容器里发给顾客，这意味着节拍时间是 54 秒，每 9 分钟生产一个包装量的外视镜给顾客。也就是说，单位制造时间是 9 分钟。

单位制造时间的计算

节拍时间	×	单位包装数量	=	单位制造时间
54 秒	×	10 个	=	540 秒（9 分钟）

因为单位制造时间是连接顾客要求的包装数量和节拍时间的桥梁，因此在装配单元以低于或高于这个包装数量的批量安排生产没有任何意义。这是因为艾宝无法向顾客发运更小数量的产品。因此艾宝装配单元的最小批量是 10 个。当然，如果将来包装数量变化了，这个数量也会变化，但这在艾宝好像不可能，因为其包装数量已经很小了。在你的工厂里，如果目前的包装数量非常大，当导入均衡拉动系统时，减小包装数量或许是一项明智的措施。

在弄清楚每天可用生产时间、各产品每天需求量、最小批量后，艾宝改善团队现在可以开始按型号均衡拉动生产了。将每天可用生产时间（450 分钟）除以单位制造时间（9 分钟），得出每天可用的单位制造时间个数（50）。

单位制造时间个数的计算

可用时间	÷	单位制造时间	=	单位制造时间个数
450 分钟	÷	9 分钟	=	50 个

但是每天如何按产品型号来分配这 50 个单位制造时间？根据 ABC 分析，艾宝改善团队了解到顾客需求的 60% 是 5 个 A 类产品，20% 是 5 个 B 类产品，20% 是 15 个 C 类产品，因此决定按不同型号的产品依下表在可用的生产时间内做计划。

ABC 各类产品的单位制造时间个数

总的单位制造时间数	×	产品比例%	=	每类产品单位制造时间个数（相同时间内）
50 个	×	60%	=	A 类 30 个（9 分钟 ×30=270 分钟）
50 个	×	20%	=	B 类 10 个（9 分钟 ×10=90 分钟）
50 个	×	20%	=	C 类 10 个（9 分钟 ×10=90 分钟）

应用刚才描述的逻辑，每班 60% 的可用时间应该用于补充 A 类产品。同样地，每班 20% 的可用时间（10 个单位制造时间）用于补充 B 类产品，余下 20% 的可用时间（10 个单位制造时间）用于生产 C 类产品。

包装数量（10 个）乘以各类产品每班的单位制造时间个数

显示艾宝每班生产 300 个 A 类产品、100 个 B 类产品和 100 个 C 类产品。这与当前每班只生产 500 个单一型号的产品明显不同。

但具体是 ABC 类的哪些型号呢？因为顾客每天都会订购 A 类产品的每个型号，因此艾宝决定每班都生产不同型号的 A 类产品。每班的 A 类产品总产能 300 除以 5 种型号，很容易算出每个型号的生产批量是 60（或者是 6 个单位制造时间）。

接下来是考虑 B 类产品的生产批量。一种方法是每生产 20 个产品换模一次，这样每班生产 5 个型号。但是，艾宝经理们担心在没有经过测试的新系统里频繁地换模容易出问题，而且 B 类产品顾客是平均每两天订购一次，因此决定 B 类产品的生产批量是 50，其结果是每个型号平均每 1.25 天生产一次。当你决定你的生产批量时，最重要是符合实际。在一个不成熟的系统里，与其计划一个雄心勃勃的生产批量目标，还不如采用一个比较容易达到的目标。先成功地实现一个合理的批量目标，再逐步减小批量才是明知之举。

最后一步是设定 C 类产品的生产批量。这个比较容易。在每班为 C 类产品预留的生产时段里，艾宝尽量按顾客要求的订单数量生产，必要时延续到下一班次继续生产。另外，如果单个订单的数量比较少，艾宝在每班预留的生产时段内，可以生产几个型号的产品。

基于这些原则，艾宝轻松地计划出如何按类别（例如：A类、B类、C类）和产品型号（例如：#14509）分配可用的产能。详见下表（说明：这不是一个生产计划；实际的生产操作基于顾客从成品超市提取的数量、每天订单和单元产量而定）。

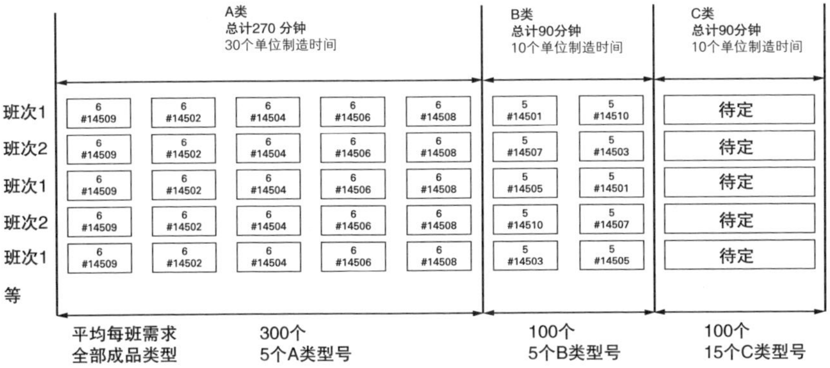

按产品类别和型号规划生产

艾宝认识到均衡生产是可行的，也是合乎需要的，这样就能每天生产每个型号，甚至每班或者更频繁，按照型号均衡生产可以收到显著的成效。

问题六：如何传递需求到“定拍工序”并形成拉动？

现在艾宝已经回答了5个创建均衡拉动系统时需要考虑的问题。装配单元被正式确定为外视镜价值流的定拍工序。生产管理部门每天按型号和数量均衡生产。

下一个问题是生产管理部门如何用生产指令来传递需求到装配单元拉动生产（回答这个问题与如何将成品从装配单元运送到成品超市相类似）。

在精益生产中，沟通生产指令和控制物料运转的工具是看板。当下游工序消耗产品时，通过看板向上游工序发送一个信号，开始补充被消耗掉的相应数量的产品。如果是远距离的话，可以用不同形式的电子看板来代替看板卡片。但在艾宝工厂内部，用看板卡片来管理信息和物料流动是一种有效的方式。

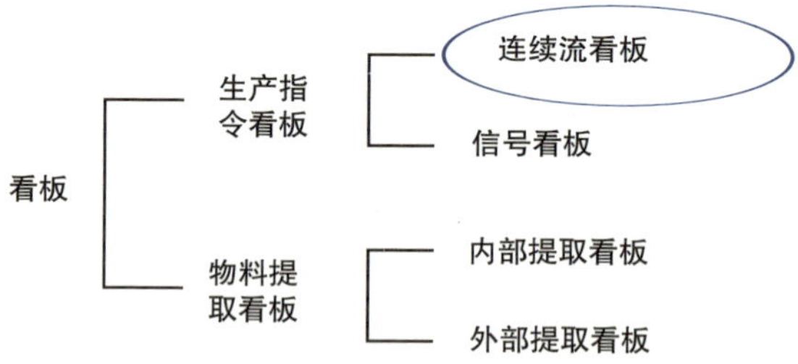

看板的类型

现在艾宝需要设计出一套生产指令看板，用于在生产管理部门和装配单元之间沟通生产信息。

连续流看板的例子：

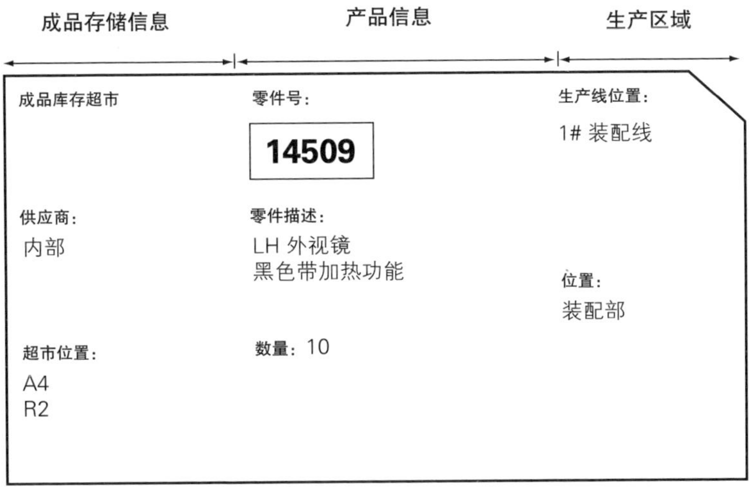

看板使用规则

- 下游工序到上游工序取货
- 上游工序仅生产被取走数量的产品

●不接受有缺陷的产品

●物料或容器上必须附有看板并且一起运送

●生产和取货一定要有看板指令

●看板的数量和容器内产品的数量必须一致

说明：关于看板的基本知识详见本书附录：看板

在价值流中，每个生产看板都代表一个生产指令，要求生产一个单位制造时间（一个包装容器）的指定产品，本例中是型号 #14509 零件。看板提供了生产单元和物料运送系统需要的所有信息，使其能生产正确数量的产品并运送到正确的位置：

- 在看板卡片的左侧，显示的是成品在超市中的存储位置
- 在看板卡片的右侧，显示的是生产单元的位置
- 在看板卡片的中间，显示的是零件号、零件描述和生产数量

艾宝为外视镜单元里每个型号的产品制作了看板卡片，但

如何安排看板卡片的顺序？要多久送一次货？

一种方法是收集所有的卡片，在每班开始时送到生产单元，让操作者决定按什么顺序生产和以什么速度生产。在大批量生产中，采用的就是这种方法。不过，很久以前精益思想者们发现了一个更好的方法，称为生产均衡柜（heijunka）。将看板按一定的时间间隔可视化地排列出来，清楚地说明下一个产品是什么型号以及生产的具体时段。

最初艾宝设置的生产均衡柜时间间隔为 9 分钟。为了满足每班生产所有型号的产品，这个生产均衡柜共设有 50 个时间间隔。生产管理部门把要生产的看板卡片放到生产均衡柜里。下页展示的是艾宝某个星期一第一班开始时的状况。

生产均衡柜的由来

在丰田，生产均衡柜最初应用于管理设备维护活动，后来扩大到控制生产进程。多年以前，丰田公司的经理们发现用生产均衡柜，以 1 小时的时间间隔来计划维护活动是非常有效的。仔细核定每项维护工作所需花费的时间，将之记录在一个任务单里，并把它放到生产均衡柜中指定的时间间隔内。丰田公司用这种方法帮助主管们计划维护任务。避免临时抓瞎，扰乱生产。生产均衡柜的概念可以用来平均分配设备维护的工作量（你应该在贵工厂立即试用）。

经过实验并不断发展出更细的时间分割，生产均衡柜可以应用于管理生产操作的节奏。丰田公司还将生产均衡柜用于和供应商之间的沟通，控制物料提取的节奏，并使供应商装配单元的产出速率和丰田装配线的节拍时间紧密连接起来。

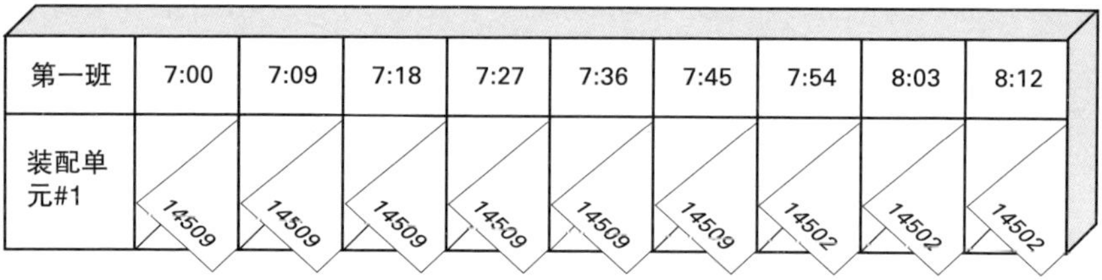

生产均衡柜——9 分钟时间间隔

但是如何把卡片从生产均衡柜下发到装配单元呢？艾宝认为最好的方法是把生产指令及时送到生产单元，最理想情况是每次送出一个单位制造时间，也就是一个容器量的生产指令。这样做，在外视镜装配单元就会形成很强的节奏意识，精益思想者通常称为节拍意识。它可以避免超前生产，同时当生产跟不上顾客要求的数量时，经理们也能立刻接到通知并采取行动。

及时生产的指令由物料搬运员从生产均衡柜拿出生产看板，连同相应的空容器送到生产单元，同时确保盒子的数量和看板的数量一致，容器与看板一同发到生产单元。生产完成后，物料搬运员将装满成品的容器运送到成品超市。这样做最大的好处是把流入和流出生产单元的物流和信息流精确地连接起来。所有不需要的空容器和装满成品的容器都将在一个单位制造时间内从生产单元被移走。

为了建立合理的搬运路线，艾宝需要试运行几次，把生产线上的看板、生产均衡柜、空容器存放区、装配单元和成品超市连接起来（你也必须这样做，唯有如此，才能从实践中学习如何设计运输路线）。

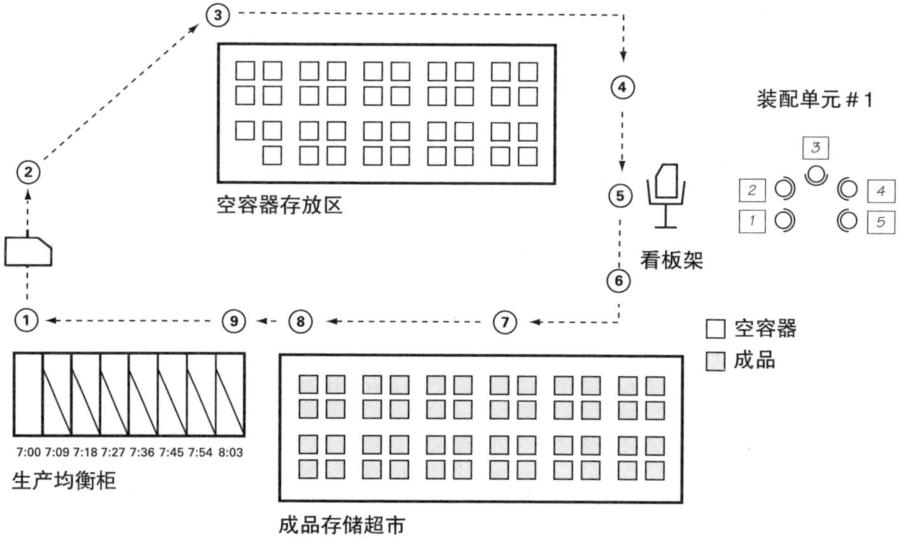

信息和物料搬运路线

经过几次试运行后，改善团队拟定了下面的工作要点和搬运路线。

刚开始运行这条运输路线时，物料搬运员的工作量只有6分10秒，而不是9分钟的单位生产时间。尽管生产单元努力地保持54秒的节拍时间，但产量还是会出现波动，经常提前1分钟或者滞后1分钟，这些波动经常导致生产延误，不能有节奏地提取成品。此外，在试运行过程中，一个打标志的设备意外停产10分钟，虽然这很少发生，但还是不能避免。

艾宝搬运工作要点和路线

步骤	工作内容	所需时间
1	从生产均衡柜取得生产看板	10秒
2	走到空容器存放区	1分钟
3	拿到存放成品的空容器	30秒
4	走到装配单元	30秒
5	把生产看板和相应的空容器交给装配单元；提取上一循环中要求完成的成品	1分钟
6	走到成品存储超市	1分钟
7	将成品放入正确的货位	30秒
8	做成品入库记录（例如：扫描条码）	1分钟
9	回到生产均衡柜，准备开始下一个循环	30秒
	合计	6分钟10秒

注：请参考《精益物流》（*Making Material Flow*），另一本很有用的精益工具书。那本书详尽地阐述了如何设计最佳的物料补充路线。

艾宝改善团队体会到，即使实现了装配单元的均衡拉动也不代表能解决所有的问题。很明显，还需要做更多的局部改善来提高装配单元产出的稳定性。更重要的是，艾宝改善团队发现，他们无法在9分钟的单位制造时间内完成任务。虽然装配单元设备故障不是很频繁，但过程稳定性仍有待改进，这样才可能达成9分钟单位制造时间的目标。

因此，改善团队做了几项暂时的调整，把单位制造时间从9分钟增加到18分钟。也就是在生产均衡柜中每个时间间隔内安排2个生产看板卡（见下图：生产均衡柜——18分钟时间间隔）。这将给主管多一点儿时间来处理装配单元可能出现的小问题。你也可能遇到类似问题，因此当你刚开始实施生产均衡柜时，请依据你的实力来设定一个合理的单位制造时间。

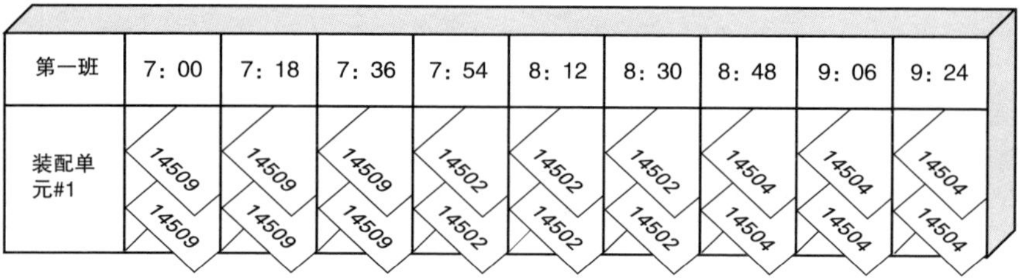

生产均衡柜——18分钟时间间隔

设定合适的单位制造时间

安排生产时，单位制造时间应该是多长，这主要取决于下面几个因素：

采用单位制造时间，并及时取货补料的目的是帮助建立生产的节拍意识。如果你希望有效地实施拉动与流动，单位制造时间以不多于10分钟为佳。这需要一个稳定的装配单元才能配合，很多公司在开始时大都不具备这个条件。

设置单位制造时间的另一个目的是把它作为一个工具，用于监控整个班次的产出量与计划数是否一致。过程中的看板能自动地管理生产，可以避免过量生产。如果装配单元不能按时完成生产指令，生产小组长有一个单位制造时间的间隔来解决问题，并决定团队能否达成生产任务。如果经常不能按时完成看板指令，可以建立一个可视化管理的方法，例如：拉下安灯或者将卡片堆积在看板架里。丰田称为“信号灯”，有许多不同的形式。这样，单位制造时间作为一个目视工具，方便管理层了解生产状况，及时对问题作出反应。

大部分公司都无法做到每10分钟监控一次生产状况。如果你的单位制造时间少于10分钟，你应该仔细权衡一下收益和风险。对大部分公司而言，单位制造时间在15~30分钟之间会比较恰当。一旦多于30分钟就太长了，例如：1小时或半天，就不能及时发现并处理生产现场发生的问题。

新的单位制造时间是18分钟，物料搬运员的工作量却只有

6 分钟，显然效率不高。艾宝改善团队考虑把另外一个右外视镜装配单元加进这个拉动生产系统。当然他们需要做好准备工作：为每个产品设定合理的成品库存，在成品超市指定货位。一旦完成，生产均衡柜只需稍微改造一下，就可以用来管理两个外视镜生产单元的生产（见下图）。

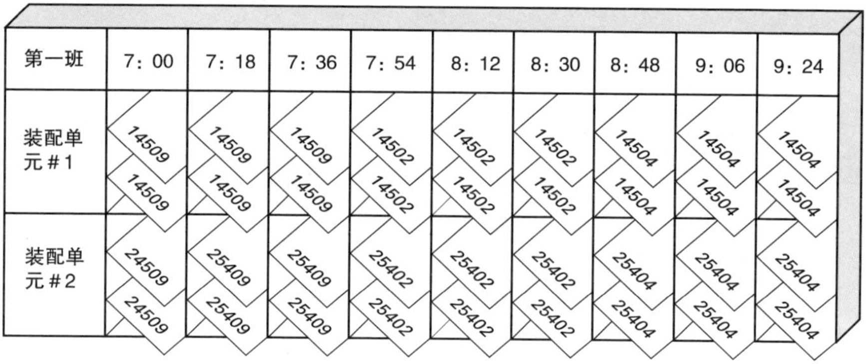

生产均衡柜——外视镜生产单元

同时为两个生产单元发送生产指令并搬运物料，物料搬运员的工作量增加到 10 分钟。虽然效率还是不尽如人意，但短期目标是向前推进改善的执行，改善团队决定先试运行 2 到 3 周，再把学到的经验通过文件的形式实现标准化。

艾宝很快把这个系统扩大到6个最终装配单元，设计了更多的运送路线，提高了物料搬运员的工作效率。物料搬运员会记录生产单元按时完成看板计划的情况，以及不能按时完成的原因。这些信息将帮助确定局部改善的优先次序，以及如何优化运送路线。

生产均衡柜的另一种用法

通过生产均衡柜，艾宝把生产看板和“定时运送”结合起来管理生产计划，控制生产过程。这只是生产均衡柜的一种用法，对于你的工厂而言未必是最佳的方法。

在艾宝，与生产均衡柜的计划安排相比，实际发货的数量和型号常会发生变化，因此艾宝必须持有 A&B 类产品的成品库存。这种情况也使得生产管理部门需要高度关注生产状况，并适时干预每班的生产计划。生产管理部门根据顾客从成品库存提取的产品数量以及 C 类产品的订单情况，来安排生产均衡柜的生产计划。

如果顾客需求比较稳定，同时产品已备有超市库存，提取看板可能比将生产看板排到生产均衡柜里的方法更好用。

具体操作方法如下：

1. 物料搬运员从生产均衡柜中取出提取看板。提取看板是从库存超市中提取产品的信号。

2. 物料搬运员走到成品超市区域。

3. 物料搬运员从货架上取下相应的产品。

4. 物料搬运员取下相应的生产指令看板并放在出货区的看板架里。由于成品入库时必须附有生产指令看板，物料搬运员或其他人必须迅速将生产指令送回装配单元，为成品库存补货。

5. 物料搬运员把要发货的成品运送至发货通道上准备发货。

6. 重复1~5步。

这样使用提取看板有以下几个好处：

- 定时均衡地将要发货的产品运送至发货通道上，为发货工序确定了节奏。

- 提取成品库存会自动为装配单元触发生产指令。

- 因为系统实现了自我计划，所以对生产管理部门不再需要频繁地干预。

当然，这种方法也面临以下几个挑战：

- 成品超市中的成品必须附上生产指令看板。
- 在把提取看板放入生产均衡柜之前必须100%确认发货计划。
- 如果只有一个生产单元，采用这条运输系统可能并不划算。

请尝试将这两种看板和生产均衡柜结合使用，实践中每种方式都可能有一些变化。

定拍工序总结

现在艾宝改善团队已经做了几个重要的决定。他们指定最终装配单元作为价值流的定拍工序。根据需求ABC分析确定了各类产品的生产频率和单位制造时间，并应用生产均衡柜和定时提取路线，为装配单元发送生产指令。他们没有选择最短的9分钟作为单位制造时间，为了保证成功，暂时选择了18分钟，等日后过程稳定了再缩短时间。

在接下来的几天里，艾宝做好了需要的生产指令看板，建立了生产均衡柜，确定了定时提取的具体时间，通过试运行修正了一些问题。现在，这个系统可以开始正式运行了。

创建“定拍工序”——成功的关键

- 按照前面提到的原则，选择最合适的工序作为“定拍工序”。

- 在确定了“定拍工序”后，不要贸然地丢掉过去使用的计划系统，因为还有许多未知数，等新的系统稳定后再决定也不迟。

- 仔细分析工作内容差异、换模时间和单位制造时间后为最终装配单元确定生产批量。一般来说，生产批量与平均顾客订单批量不应差异太大。

- 按顾客需求管理装配单元的节奏，把单位制造时间和定时提取结合起来。

- 为定拍工序选择一个合理的单位制造时间，并与你响应问题的能力相匹配。如果单位制造时间太短，一旦出现问题你将无法解决；如果时间太长，你又可能看不到小的问题。

- 基于单位制造时间，把信息和物料运送的工作标准化。

第四部分　控制上游生产

第四部分　控制上游生产

拉动上游生产

问题七：如何管理定拍工序上游的物流和信息流？

问题八：如何设定超市的标准库存量并提取拉动？

问题九：如何控制超市上游的批量生产工序？

拉动上游生产

艾宝正向着均衡拉动的目标大踏步前进。改善团队确定了哪些产品需要保持成品库存，如何补充成品库存，并设置了定拍工序来拉动生产活动。

这些决定加上定拍工序的均衡拉动相结合，减少了近一半的加班时间和加急任务。同时装配单元对发货部门的按时交货率也从 92% 提高到 97%。到目前为止，艾宝仅仅改善了装配单元的信息流，因此实施更多的改善不但是可能的，也是必要的。下一个挑战是在定拍工序和上游工序之间实现拉动生产。

问题七：如何管理定拍工序上游的物流和信息流？

第一步，改善团队开始收集定拍工序的生产数据，重点关注装配单元能否按照成品搬运员的要求准时出货。他们发现装配单元大部分时间都能按照单位制造时间的要求按时完成看板指令，但有几次装配单元没有做到这一点。他们做了帕累托图来分析其原因：

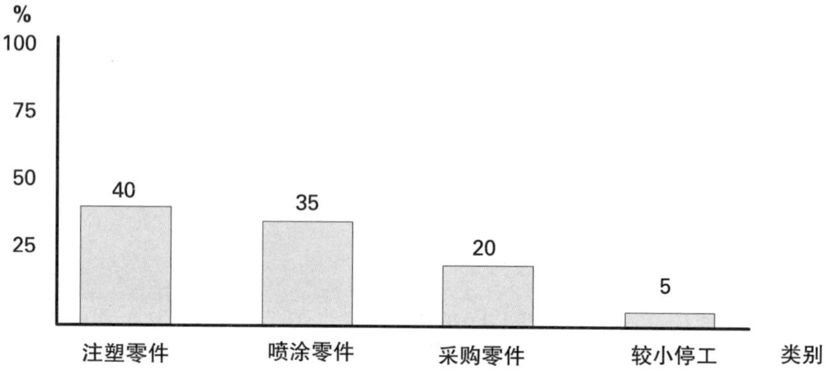

装配单元延迟原因分析

上图显示，造成延迟的主要原因是喷涂、注塑成型和采购的原材料供应不及时。装配单元自身因机器故障而停工对延误的影响很小。

为什么喷涂、注塑成型和采购的原材料不能按时到达装配单元？经过调查分析，他们很快发现了根本原因：艾宝工厂从发货区到装配单元采用的是拉动系统，而工厂其他部分，从收货到装配单元之间仍然是按计划推动运作的。推动和拉动在装配单元狭路相逢，问题也由此产生了。

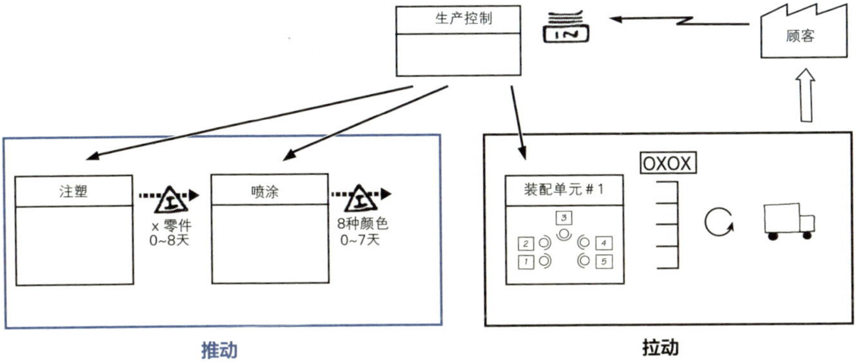

推动和拉动相互冲突

艾宝现在需要采用拉动方式来管理上游的过程，这包括：喷涂、注塑和物料超市等。

理想的目标是，上游工序最终都能以装配单元的节拍生产，并直接流到定拍工序，中间没有停顿。但是，在艾宝工厂，喷涂和注塑成型都是批量生产，同时与供应商之间的距离相当远，因此在目前这显然是不可能的。

因为上游工序和最终装配工序不同：需要一定的换模时间，同时采购的外购件也需要时间运输到位，因此建立一个超市机制来管理流动是非常必要的。

外视镜过程分析

工序	为外视镜价值流供应零件？	需要换模的批量工序？	与下游工序距离很远？	不同的班次安排模式？
喷涂	是	是	不是	是
注塑成型	是	是	不是	不是
外购件	是	不是	是	不是

艾宝改善团队意识到需要建立一个物料超市来缓冲装配单元上游三种主要类型的物料流动。管理好这个物料超市，是确保定拍工序产出顺畅的唯一方法。此外，可以采用看板来管理超市和装配单元之间的物料移动。

基于这个决定，艾宝改善团队决定，将注塑、喷涂以及外购件合并成一个外视镜价值流的超市，让下游工序和上游物料超市通过拉动回路结合起来。

艾宝的想法是在装配单元里，储存少量 A&B 类型号的产品，其他的包括 C 类产品也都放在超市里。

让材料流动起来

LEI的另一本精益工具书《精益物流》，对如何建立物料超市，特别是外购件超市有更为详细的阐述。此外，该书还详细解释了如何为每个产品做计划和物料搬运员的工作内容。该书着眼于提升物料搬运员工作的有效性，实现物料管理的系统化，以满足实施均衡拉动系统的要求。

艾宝采取如下步骤建立了各种超市，并把它们集中在一起便于管理和缩短运送路线。

- 制定一份组装外视镜时需要的零件清单，丰田公司称这个清单为“每个产品的计划”（PFEP），注明了每个零件的所有相关信息，包括运送路线。它帮助工厂的管理者确认正确的零件放在应放的位置，并提供容器的尺寸和规格以便购买所需的货架。

- 在厂房中央划出一块场地，用于放置超市货架。同时建立了一套精确的地址系统，包括物料被运送的具体地点。每个零件在超市里只准许有一个特定的存放位置（见下图）。

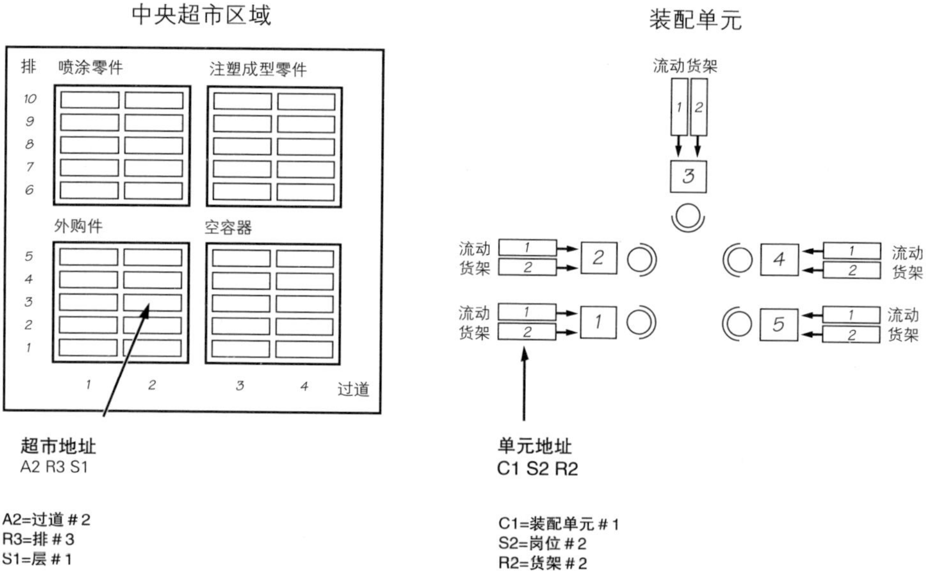

超市和使用点地址系统

●利用周末时间，艾宝改善团队把存放在工厂不同位置的相关物料搬到中央超市。还进行了物料运送测试：物料搬运员使用牵引车，沿着指定的运送路线，将物料送到装配单元的指定位置。

艾宝在装配单元和中央超市建立了一套简单有效的地址系统。这套地址系统将应用在看板上，帮助物料搬运员清楚地知道在哪里提取哪种物料，然后运送到哪里。

选择超市位置

选择超市位置时有几种方法可供考虑。第一种是传统的丰田方法，在生产工序的末端建立物料超市。它能帮助该工序准确地知道超市里有哪些产品，每种产品现有存货是多少。下游工序有规律地从超市拉动物料（定时或定量）。生产工序仅补充被取走的产品。当上游工序出现过量生产的倾向，并向下游推动时，这个位置作为一种纠正措施，能收到很好的效果。

对于自制零部件种类很多的工厂，像艾宝，或者受厂房布局限制无法在生产工序的末端设立超市的工厂，可考虑建立集中的中央超市。理想的位置是既靠近生产工序又与下游工序距离不远。这样做能提高物料搬运员的效率，并缩短物料运输过程的行走距离。

此外，在仅有装配单元的工厂里，很多零件都来自供应商，因此超市最好设在收货区附近。这个位置有利于收货与卸货，并缩短作业的走动距离。当然，这种安排会使装配单元的物料提取路线加长。

不管你选择哪一种方法，都必须遵守下面的准则：

- 生产工序承担超市的库存管理责任。

● 确保下游工序有规律地，仅在需要时提取需要数量的零件。

● 确保工序之间信号沟通顺畅，当有物料被提取后，相应的补充信号能及时发送到上游工序。

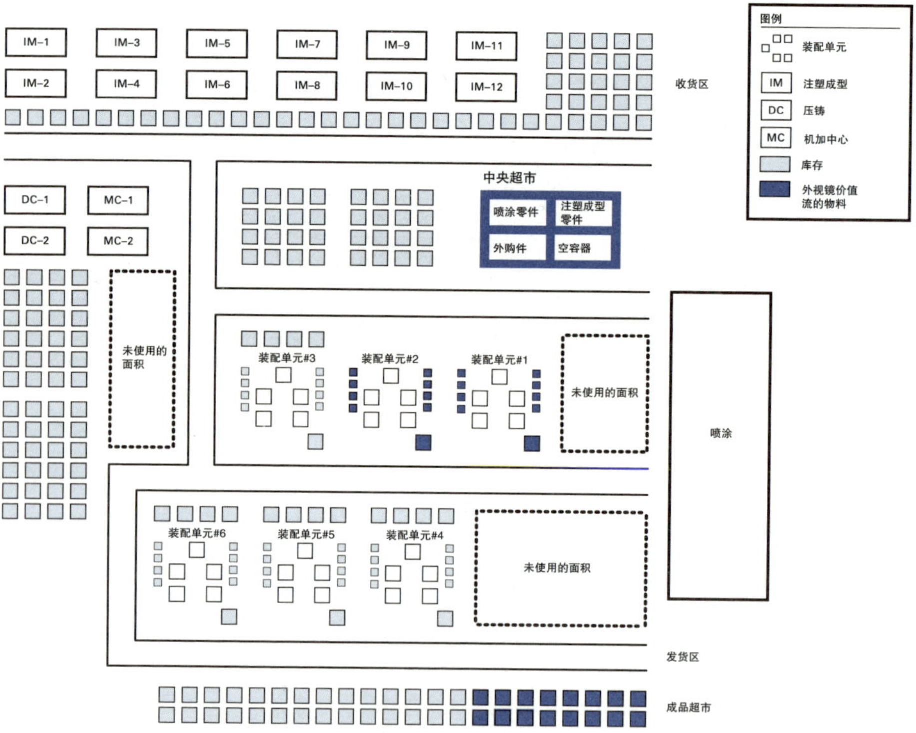

设立中央超市后更新的厂房布局

问题八：如何设定超市的标准库存量并提取拉动？

现在艾宝确实需要一个管理中央超市的信息流来控制物料从超市流动到生产单元的节奏，以确保正确的零件能在正确的时间被运送到位。具体地说，艾宝需要实施一个提取看板系统来管理物料，从中央超市按生产管理部门的要求送到装配单元。

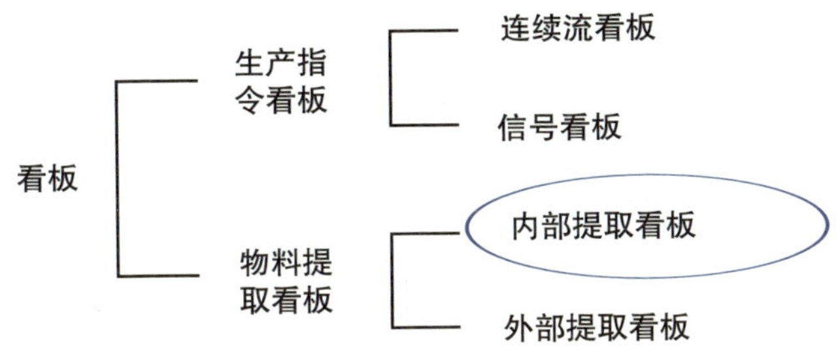

看板的类型

艾宝在装配单元和中央超市之间施行了内部提取看板（见下页）。另一种提取看板是供外部供应商用的，用于管理外购件超市和供应商之间的信息流。艾宝以后也会实施这种看板，但目前重点仅限于内部提取看板。

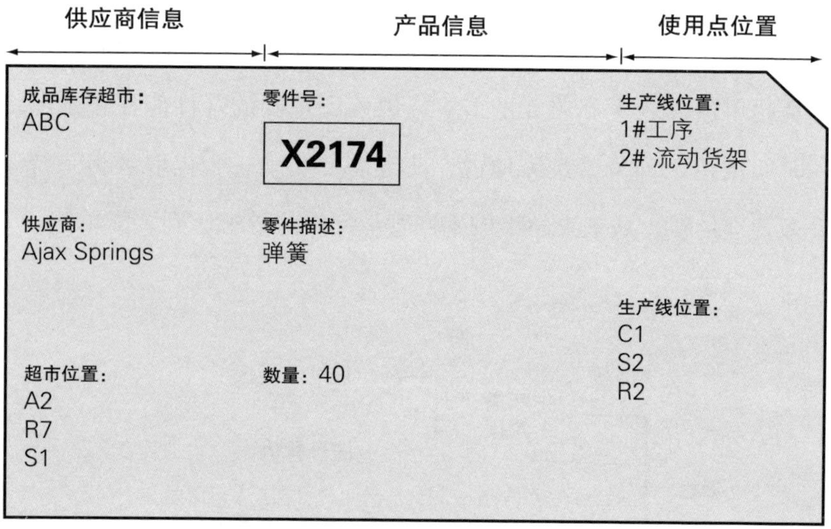

内部提取看板

为了成功建立从装配单元到中央超市的拉动系统，艾宝需要完成下面 3 项任务：

A. 根据各零件使用状况和补充频率，为每个零件在装配单元设定一个标准的在线库存量。

B. 为生产单元里的每个容器附上一个提取看板。

C. 确定各零件在中央超市的合理库存量。

A. 根据各零件使用状况和补充频率，为每个零件在装配单元设定一个标准的在线库存量。

在装配单元存放多少库存取决于三个因素：零件的补充频率、最小包装数量和物料运输作业是否顺畅。举例来说：如果每班补充一次物料，那么装配单元至少要存放一班的库存量。如果在生产线旁存放超过 8 小时及以上的库存量，生产单元看起来就会更像一个仓库，而不是生产线。而且，大量物料堆放在现场，增加了寻找零件的困难，浪费了厂房面积，并且使物料搬运路线变长。

因此，艾宝决定使用体积比较小的容器，以更快的速度运送物料。在线库存的 30 种产品中大部分的容器可以装 6~25 个零件，螺栓、螺母这种紧固件除外，其量可以很大。理论上讲，艾宝能够将每个型号的产品放在一个容器内持续地向生产单元补充物料。在生产单元通常保持一个容器的库存量，另一个容器的物料则在运输的循环路线上。

在零件种类不是很多，装配区域空间比较拥挤的工厂，可以采用这种两箱运送方式。但是，如果零件种类很多并且每个容器内数量又很少的话，使用上述运送方式会因频繁补货而导致过多的物料搬运工作。

在艾宝，很多种零件都设有在线库存，并且内部注塑成型的产品每个容器只装6个，因此需要在两箱运送和传统方式之间找到一种折中的方法，在生产线旁边存放需要的产品库存。

为了实现这一点，艾宝团队先要决定物料的运送路线，在生产单元与超市之间进行多次小规模的试运行，并采用模拟的提取看板进行测试。

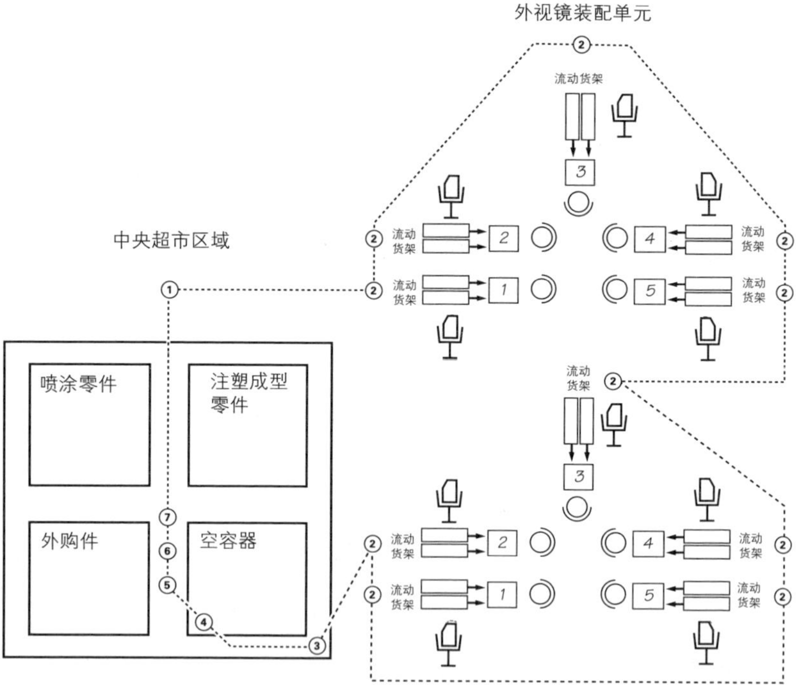

提取物料的循环处理

为了尝试和学习这种新的操作模式，艾宝改善团队起初在每个外视镜生产单元旁边，为每种零件存放 4 个容器的库存，大约一共有 120 个容器。他们知道这样做有些零件库存过多，而有些零件又库存过少，只是以此作为起点不断调整。

艾宝把每个容器都附上一个模拟的提取看板。看板上包含了该零件的基本信息（参考第 94 页的内部提取看板）。

装配单元的每个工位旁都设立了简易的看板架，操作员开始使用容器内的物料时，例如螺栓、螺母、导线、支架和外视镜的外壳等，都要摘下相应容器上的提取看板，并放入看板架里。

经过几次在装配单元和中央超市之间的试运行，艾宝确定了物料提取的工作内容和所需时间：

两个外视镜装配单元每小时平均提取 40 个看板。从中央超市走到生产单元需要 4 分钟，这意味着每次提取发运操作的总工作时间是 4 分钟，再加上每次处理相应的提取看板的时间。

物料提取处理循环的工作内容和所需时间

步骤	工作内容	所需时间
	操作工人在开始使用容器中的零件时就摘下提取看板,并将看板放到附近的看板架里	
1	物料搬运员从中央超市走到装配单元	2分钟
2	收集每个看板架里的提取看板和各单元里的空容器;发放零件到各生产单元;回到中央超市	4分钟
3	回到中央超市,将提取看板按照最容易提取物料的顺序排序	15秒
4	将收集的空容器放到中央超市的指定地点	1分钟
5	拿取存放小零件(例如:螺母、螺栓、螺丝钉、垫圈等)的箱柜	1分钟
6	从存储货位提取零件并放到物料搬运车上(平均每次提取10种零件,每种零件需要20秒)	3分20秒
7	将提取看板放到存放相应零件的容器里,然后回到第1步	15秒
	合计	11分50秒

但是物料搬运的频率应该是多少呢?艾宝改善团队决定从15分钟一次的频率开始这个新系统。

他们计算出两个生产单元每15分钟大约需要提取并补充10个容器的物料(每小时提取40个容器,1小时搬运4次)。实际搬运工作量是7分50秒的看板处理时间,加上4分钟的行走时间,每次提取补充的总工作量为11分50秒。试运行显示,物料搬运员用小牵引车补货,很容易在15分钟内完成工作。日后,可以把另外一个单元的补货作业加入这个循环,从而充分利用剩下的3分10秒的空余时间。

每次从生产单元收集大约 10 个物料提取看板，相应的物料会在下一个送料时补充到位。以 15 分钟一次的频率补充物料，艾宝可以在装配单元旁边只保存 30 分钟的库存，这和过去相比数量大为减少。但是，艾宝改善团队不想因为物料不足而使装配单元有任何停顿，所以实施看板拉动系统之初，他们决定保留 1 小时的在线库存。随着经验的增长，以后再降低在线库存量。

接下来，艾宝确认了各零件“1 小时在线库存量”究竟是多少。对一些零件，是一个容器的量；对另一些零件，是几个容器的量。

根据这个决定，又调整了送货小牵引车的长度和在生产线的库存位置。至此，各零件的标准在线库存设定工作就全部完成了。

物料运送的两种方式

到目前为止，我们研究了一种物料运送方式——“定时不定量”。采用这个系统，物料搬运员按照标准作业在既定的时间内，沿着标准路线先收集提取看板并准备相应的物料，然后再把物料送到生产单元。每次搬运的数量因为用量和库存的不同而不完全一致，但时间间隔是固定的。

另一种运送方式是“定量不定时”。当某种物料减少到预定的库存水平时，就会触发一个补充信号，要求物料搬运员补充指定数量的零件，因此送货的时间间隔与路线都可能不同。这种方式成功的关键在于及时产生一个清晰的补充信号，告知物料搬运员何时把物料补充到生产工序。

精益的运作系统往往两种方式都采用。当你的目标是频繁地依照单位生产时间运送物料到生产单元时，结合生产均衡柜，采用“定时不定量”的运送方式是最好的。当补充间隔时间不是很频繁或者零件特别笨重时，像汽车挡风玻璃，采用“定量不定时”的运送方式会更好些。

B. 为生产单元里的每个容器附上一个提取看板。

艾宝改善团队现在已经准备好在外视镜价值流上创建一个内部的提取看板系统，要想做到这一步，必须为每个容器建立提取看板（参见第 94 页内部提取看板的例子）。

每个看板既要包含物料在中央超市的存储位置的信息，又要包含生产线使用工位的地址信息。艾宝已经完成了准备工作，现在只需把这两类信息转移到提取看板上。

艾宝外视镜物料提取系统包含 30 种不同的零件，每种零件有 1~6 个在线存储容器，这代表该零件 1 小时的需求量。整个系统里物料提取看板总计是 110 张卡片。第五部分将阐述如何通过改善来减少系统里看板卡片和容器的数量。为了加强管理，艾宝把这个系统和零件跟踪表结合起来，以进一步施行改善（有些公司用 PFEP 来达到这个目的）。

C. 确定各零件在中央超市的合理库存量。

为有效管理中央超市，最后一个要解决的问题是确定各零件在超市的库存水平。这些零件从工厂内很多地方被运送到中央超市。艾宝改善团队发现这些零件是少则 1 天多则 2 个月的使用量。因此他们需要更精确地设定中央超市的库存水平标准。

运用的规则可以参考第 37 页中计算成品库存水平的公式。中央超市的需求波动与成品超市相比已大为降低，因为外部顾客的需求波动大部分已经被成品超市的缓冲库存吸收了。这就说明，尽管成品超市增加一些必要的库存，却可以降低整个工厂的总库存量。

艾宝在装配单元里实施了均衡拉动，减小了补充周期内的需求波动，同时，成品超市的安全库存也帮助吸收一些需求波动，因此中央超市的缓冲库存系数可以降低很多。

成品库存的计算

	平均日需求 × 补充周期(天)	周转库存
+	以循环库存的百分比表达的需求变异	缓冲库存
+	以循环库存和缓冲库存之和的百分比表达的安全系数	安全库存
=		成品库存

型号 # 14117（喷涂后的支架）中央超市库存的计算

	100 × 5*	周转库存	500
+	10%** × 500	缓冲库存	50
+	10%*** ×（500+50）	安全库存	55
=		成品库存	605

* 喷涂工序补充该零件的交付周期。
** 允许该零件有两个标准差的内部需求差异。
*** 该零件的平均报废率和停工时间。

艾宝应用这个公式核定了中央超市里各零件的库存水平。在实施物料提取拉动系统来控制整个外视镜生产单元一周后，艾宝的装配零件按时交货率从 75% 提高到了 91%。

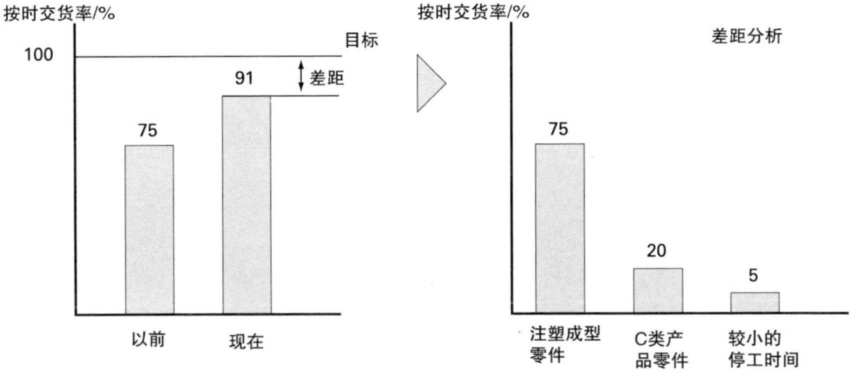

艾宝内部生产工序对装配单元的按时交货表现

在第一周的试运行期间里，物料提取看板明显改进了装配单元的零件短缺现象，只有一次 30 分钟的加班记录。现在艾宝能 100% 按时为顾客送货。外视镜价值流还要解决的问题是，让少数内部制造的零件也能按看板需要适时适量地送到中央超市。虽然还没有达成最终目标，但改善进展还是相当大的，艾宝改善团队举行了一次小型聚会来庆祝取得的成绩。

根据上面的帕累托图分析可以看出，最主要的问题是注塑件不能按照物料拉动看板的需求供货。虽然装配单元目前以“定时不定量”的方式从中央超市拉动物料，但从上游的批量加工过程到中央超市的物流仍是按生产计划推动的。拉动和推动之间的冲突在中央超市再次出现，症结点是批量生产的工序。

管理 C 类产品的流动

在创建中央物料超市时，艾宝改善团队曾面临一个非常重要的抉择。艾宝之前已经决定不在成品超市中保留 C 类产品，现在他们需要决定 C 类产品是从注塑成型工序开始按订单生产，还是在中央超市中存储所有的零件，当有订单时才开始按订单装配。

艾宝认为后一种选择更容易管理，尤其实施均衡拉动系统以后，因此决定对于 C 类产品在中央超市存储 1 个月需求量的零部件，包括外购件和内部的注塑以及喷漆工序完成的半成品。这样，C 类产品的库存水平按使用天数来计算，要比 A&B 类产品高很多，但实际库存的件数并不高，每种零件顶多 100~200 件。

至于贵厂如何生产 C 类产品，你应该考虑所有可能的方案。如果有足够的需求量和利润，可以将 C 类产品单独划分为一个价值流或者用专用的生产单元来生产。

如果C类产品必须和A&B类产品共用一个生产单元的话，你需要在两个方案中作出选择：从上游开始按订单生产还是从生产过程中的某一个半成品的库存开始按订单装配。艾宝选择了后者。只要不会产生太大的库存，这个方案是可以接受的。

问题九：如何控制超市上游的批量生产工序？

艾宝要解决的最后一个问题是如何为中央超市上游的批量生产作计划。正如前面帕累托图分析的结果，注塑件不能按时供应物料，因此团队决定从解决这个问题开始。

精益思想者采用一种称作信号看板的工具，来为批量工序作生产计划。这个工具的基本原理是，下游装配单元按照连续流的方式从中央超市提取物料时会产生新的提取物料看板，同时超市里该零件的库存会下降，累计这些看板到一定数量，库存下降到某一点时，触发上游的注塑工序开始批量生产来补充这些被累计提取的零件。

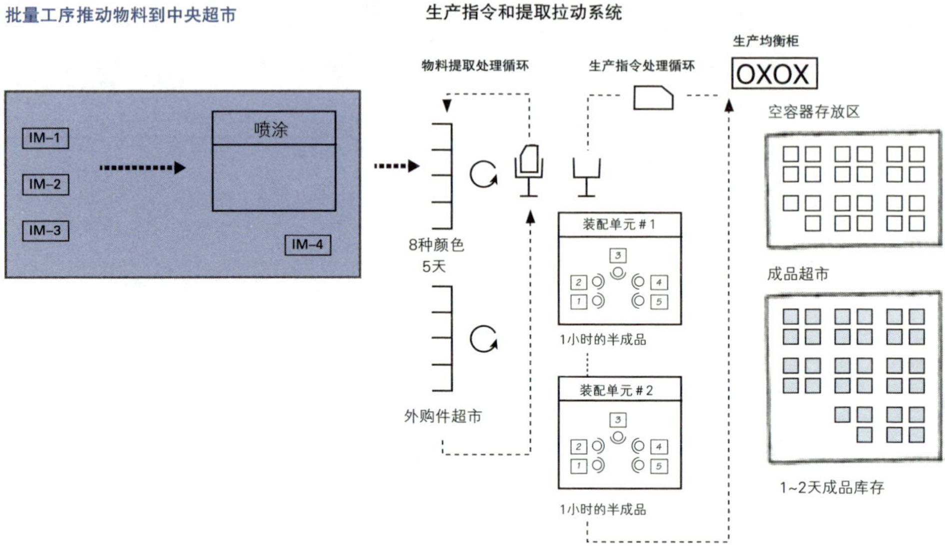

推动和拉动的冲突

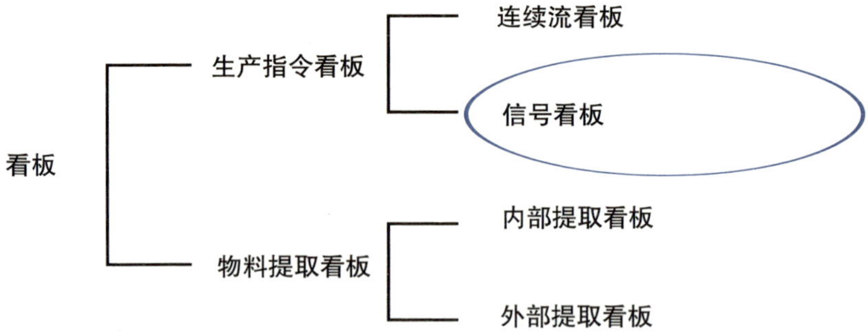

看板的类型

对于注塑成型的零件，团队决定使用一种称作“三角看板”的信号看板作为拉动信号（另外两种看板在本部分末会叙述）。

艾宝注塑成型工序的最小批量是 2000 件，通常要比这个数高很多。设备平均的生产周期是 40 秒，每次操作只生产 1 个零件，因此生产任何一个型号，最短的加工时间是 22 小时左右或者接近 3 个工作班次。

艾宝有 4 台注塑成型设备用于外视镜的价值流。其中 3 台设备加工的外视镜零件是外视件，包括底座和安装板，这些零件都需要喷涂处理。第 4 台设备加工的 3 种成型件既可以用于左外视镜又可以用于右外视镜，它们不需要喷涂，被安装在外视镜外壳里，顾客看不到。为简化起见，艾宝决定先从这台设备及其加工的 3 种零件开始实施拉动信号看板。

艾宝的生产控制部门以前采用经济批量的概念来确定生产批量。改善团队调查发现，实际设备运行的时间与换模的次数远大于根据经济批量制订的计划。因为注塑工序负责人的考绩基于“设备利用率”，而最好方法就是尽可能减少换模次数。

为了改变生产控制部门原有的思维模式，改善团队取消了设备利用率这个传统的效率指标。他们告诉操作者只需按照三角看板的数量和顺序生产。这个看起来没什么了不起的改变却产生了重大的影响，大大减少了主管们鼓励过量生产的动机。

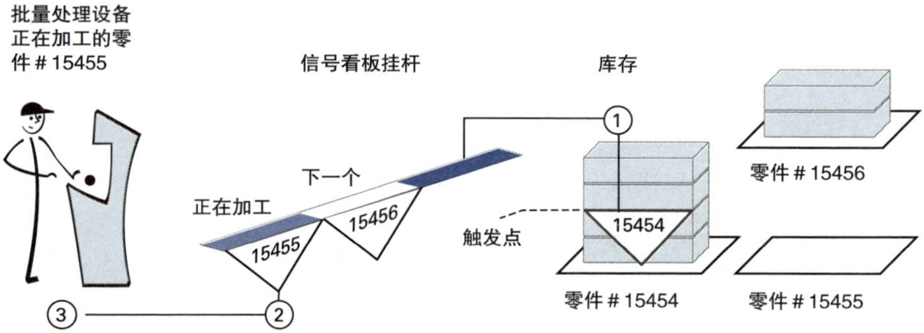

用三角看板控制生产

从超市库存中应用三角看板拉动零件，应按照下面的过程来补充物料：

1. 物料从超市库存被提取并送到装配单元。

2. 经过几次提取后，当该产品的库存量降到预先设定的拉动点时，该零件累计的信号看板就会从中央超市被转运到注塑成型工序的看板架上。请注意，每一种物料只有一块三角看板。

3. 注塑工位的操作员根据信号看板指示的型号和批量进行生产。生产完毕后，相应数量的产品被运送到中央超市去补充库存。

为了有效地执行这个看板系统，艾宝必须决定每种零件在中央超市的最大库存量，必须决定当库存达到什么水平时才触发信号看板，并将三角看板送到注塑成型工序。下面是使用三角看板的一个例子。

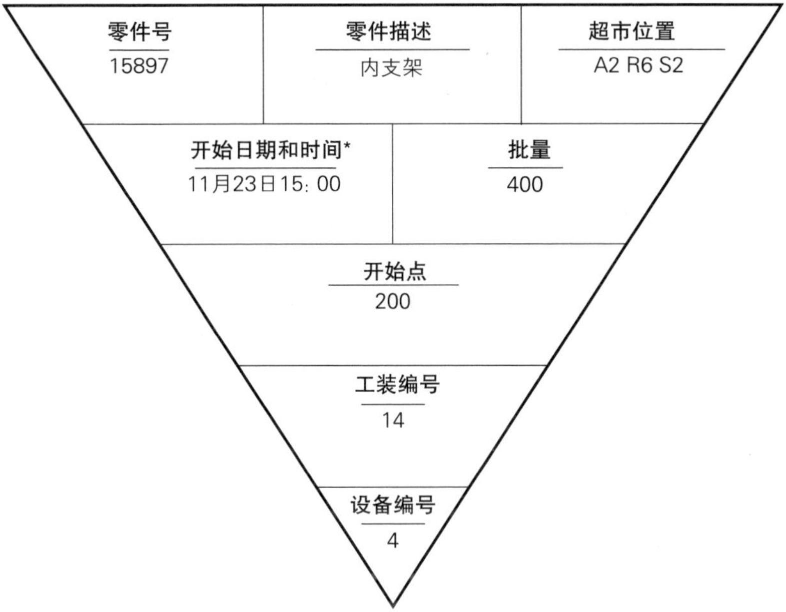

三角看板的例子

* 将看板挂到看板挂杆上的具体时间，这帮助管理人员了解生产的状况，并避免看板顺序发生错误。

改善团队着手收集顾客需求的基本信息以及 #4 注塑成型设备的基本信息。

注塑成型设备 ——#4 设备数据

零件号	平均日需求 *（个）	单件周期时间	平均报废率	每天需要的加工时间 **	平均换模时间
15897	400	20 秒	1.5%	136 分钟	55 分钟
15898	600	22 秒	1.3%	223 分钟	55 分钟
15899	1000	20 秒	1.5%	339 分钟	55 分钟
合计	2000			698 分钟	

* 顾客需要装配单元每天组装 1000 个左外视镜和 1000 个右外视镜。

** 根据平均报废率修正后，再向上取整。

团队采取如下四个步骤来实施三角看板拉动系统：

第一步，确定可用的换模时间；

第二步，确定每天换模的次数；

第三步，确定生产的批量大小；

第四步，确定各零件的看板拉动点。

第一步，确定可用的换模时间。

可用的换模时间

每班可用于生产的总时间（扣除休息和午餐时间）	450 分钟
班次数	×2
每天每台设备可用于生产的总时间	= 900 分钟
每天满足平均需求需要的时间 *	− 698 分钟
每天用于换模和其他事项的时间	= 202 分钟

* 来源于 #4 设备的数据。

通常情况下，#4 设备的平均日需求量是 2000 件，生产过程中有 202 分钟的时间可用于非生产活动，包括换模及设置机器等。

第二步，确定每天换模的次数。

根据预估的非生产活动的时间，团队确定了每天的换模次数。

每天（2 班）允许的换模次数

可用的非生产时间	202 分钟
平均每天停工时间（不包括换模时间；每班有 15 分钟停工时间）	− 30 分钟
每天每台设备允许的换模时间	= 172 分钟
平均换模时间	÷ 55 分钟
每天可能的换模次数	= 3*

* 从 3.13 向下取整。

扣除每天因为设备维修而停工的时间后，可以得出用于换模工作的总时间。改善团队还修正了艾宝长期存在的管理模式：不再追求最小的换模次数，而是充分利用时间追求最多的换模次数。基于这个原则，艾宝决定 #4 设备换模次数目标是每天 3 次。

第三步，确定生产的批量大小。

为了在 #4 设备实现每天换模 3 次的目标，团队需要设定三角看板的拉动批量和换模时间。

在精益生产中，有两种设定三角看板批量的方法：

一种是“定时不定量”方法，即每次生产一个固定的时间间隔（定时）的需求量（不定量）的产品。例如，每次生产一个班次的需求量。因为固定时间间隔（例如：每班）内每种零件的需求量是变化的，因此就某种零件而言，每次生产的批量可能有变化。请注意，不要将设备运行时间和固定时间间隔相混淆。

另一种是“定量不定时”方法，即每次生产的批量是固定的（定量），但该零件生产的时间间隔是变化的（不定时）。例如：每种零件连续生产 3 小时后，才换模生产另一种零件。这种方法会产生多种可能性，某些零件可能是 1 天的消耗量，而另一些零件可能是 2 天的消耗量。同时，也可能使某些零件的生产频率比其他零件高。

采用第一种方法时，生产的批量更接近顾客的需求量，因此库存水平比较低。采用第二种方法时，因为换模操作稳定并可预计，因此更容易管理。由于艾宝改善团队认为管理注塑成型工序的挑战较大，同时希望能快速响应顾客的需求，向中央超市供应零件，因此选择了“定时不定量”来确定三角看板的批量。如下图所示，改善团队确定的各零件的生产批量是一天的需求量。

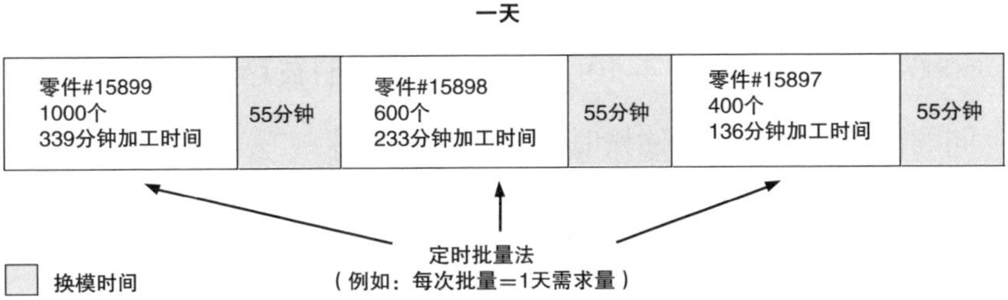

“定时不定量”法确定批量和换模次数

对于 #4 注塑成型设备而言，因为要生产 3 种零件，每天 3 次换模，因此各零件的生产批量确定为一天的平均需求量。

请注意，如果换模次数增多，按看板拉动的批量自然也会降低。如果每天换模 6 次，则各零件的生产批量只要是半天的需求量就可以了。

“定时不定量”法确定批量

零件号	批量	×	每天需求(个)	=	批量(个)
15897	1天	×	400	=	400
15898	1天	×	600	=	600
15899	1天	×	1000	=	1000

因为三类零件的每个容器里的容量都是10个，为了满足每天需要的2000个零件，艾宝需要在中央超市存放200个容器。先前，为了提高设备利用率，每种零件的生产批量通常在5000~10000个之间（5~10天的用量），它们被存放在厂房里不同的位置，但常常不能按时向装配单元供料。

确定了生产批量后，注塑成型工序的操作员每次接到看板就可以知道每次生产的准确数量了。接下来要解决的问题是：如何在中央超市确定看板的拉动点以便及时发送信号看板到注塑成型工序？

第四步，确定各零件的看板拉动点。

确定信号看板的拉动点来补充库存，需要执行如下步骤：1. 测量注塑设备生产一个标准批量（包括换模）所需的时间。2. 加上运送第一个容器的物料到中央超市的时间。3. 然后除以节拍时间（缓冲库存以应付外来的客户需求变动在这里不需要考虑，因为成品库存已经包含了这一块，同时内部的生产已经均衡化）。

补充的交付周期

零件号	加工时间 *	+	换模时间	+	第一个容器加工完时间 **	=	总交付时间
15897	136 分钟	+	55 分钟	+	10 分钟	=	201 分钟
15898	223 分钟	+	55 分钟	+	10 分钟	=	288 分钟
15899	339 分钟	+	55 分钟	+	10 分钟	=	404 分钟

* 加工时间等于单件周期时间乘以批量。

** 假设 10 分钟足以生产完一个容器的产品并运送到中央超市备用。

当然，上面预估的零件补充时间是建立在一个假设基础上的：设备上没有零件在加工或者等待加工。这当然是不现实的。#4 设备用来生产 3 种零件，正常的情况下，一种零件正在加工，一种零件在等待，另外一种零件还在中央超市。因此，艾宝假定当某一个看板被拉动后，只有一个看板跟在后面。为避免缺货，艾宝假定排在看板架的前面要先生产的零件就是设备运行时间最长的零件。

#4 设备生产各零件的最长补充周期时间是 404 分钟，因此对其他两种零件而言，开始补充下一种零件之前最长的等待时间是 404 分钟。

物料节拍时间的计算

零件号	每天可用时间	×	秒	=		÷	每天需求量	=	零件节拍时间
15897	900 分钟	×	60	=	54000 秒	÷	400	=	135 秒（2.25 分钟）
15898	900 分钟	×	60	=	54000 秒	÷	600	=	90 秒（1.5 分钟）
15899	900 分钟	×	60	=	54000 秒	÷	1000	=	54 秒（0.9 分钟）

看板拉动点的计算

零件号	最长的补充时间 *	÷	零件节拍时间	=	触发点 **（超市中剩余零件数量）
15897	404 分钟	÷	2.25 分钟	=	180 个
15898	404 分钟	÷	1.5 分钟	=	270 个
15899	288 分钟	÷	0.9 分钟	=	320 个

* 最长的补充时间需要考虑到该零件在加工时等待排队的时间，即在其前面可能有零件正在加工或等待加工。

** 向上取整到十位数。

#4 设备总计加工 3 种零件。对于每种零件，艾宝计算了

新的生产批量，并确定了各零件的生产拉动点。例如：零件#15897，开始时中央超市的库存是 400 个（40 个容器），即生产批量是400个。该零件三角看板的拉动点是180个（18个容器）。当该零件在中央超市的库存低于 180 个时，作为补充信号的三角看板将被送到注塑成型工序。注塑成型工序将生产 400 个零件并在中央超市剩余库存用光之前陆续送到。

关于信号看板的批量和拉动点的总结

应用这些公式和原则，艾宝为 #4 设备加工的零件设定了合理的库存量和生产拉动点。接着又为另外 3 种产品做了同样的安排。

艾宝为价值流里的每种零件设立了一个信号看板，并重新安排了物料在中央超市的存放位置。当库存通过物料提取看板从中央超市被提走时，就会拉动注塑成型的生产补充库存。

改善后成果非常可观，超市里各零件的库存量分别下降了50%~90%。更重要的是，沿着价值流各部门的补充时间开始用“小时”而不是以前的用“天”来衡量。就提高生产应对需求变化，以及按时交货这两方面而言，都是重大的突破。

展望未来，如果能压缩换模时间的话，艾宝有能力进一步缩短补充周期时间。比如换模时间若能压缩到 10 分钟以内，#4 设备就能再增加一次换模，因此生产批量也可降到现在的 2/3。

关于触发点的说明

批量生产：一台设备往往生产多种型号的不同产品（比如注塑及冲压）。如果艾宝有更多零件要在 #4 设备上加工，那么相应零件的补充周期就应该设置得长一些。一般情况下，前面等待不同型号的看板数目不应该超过 #4 注塑机生产型号看板总数的一半。因此保守的估计，挂在看板架上等待生产的看板数目应该是 $N/2-1$（N 是该设备生产型号看板的总数）。

在一个生产波动大的生产环境里，你有时可能希望早一点拉动生产某个产品。在艾宝的案例里，如果采用最低的安全库存下限，当产品的补充周期延长了的话，某些情况下可能会出现库存不够的危机。（要经常检查调整安全库存的上下限。——译者注）

应用信号看板为批量工序做计划的一些选择

在精益生产中，三角看板是为批量生产工序做计划的一种标准方法。当然，它只是信号看板的一种，还有其他两种类型的信号看板：顺序生产看板和批量生产看板。应根据具体的生产状况、能力和工序的类型，采用不同类型的信号看板。

顺序生产：顾名思义，就是按照一定的顺序依次重复生产不同型号的产品。例如，在 8 小时生产时间内，依次生产零件 A 到零件 F。换模的难度决定了生产各种零件的理想顺序。中央超市的库存量根据补充周期的长短而定，一天的补充周期意味着超市里必须保存一天的库存，一周的补充周期就必须保存一周的库存。

顺序生产的优势在于每个循环周期生产不同的零件，换模顺序是标准化的，并可预计。因此有些公司在开始时，采用顺序生产看板要比采用三角看板容易。当然，你必须深入分析生产的正确顺序和批量，并随着经验的增长不断改进，以更好地管理需求的变化。

顺序生产最大的缺点是生产顺序固定不变，你无法在生产完零件 C 后跳过其他零件直接生产零件 F，员工对压缩换模时间和降低库存没有什么压力。这种方式仅是遵守固有的顺序，重复生产补充超市里的库存。

艾宝改善团队采用顺序生产看板为喷涂工序做计划。他们制作了一个转轮，转轮上的颜色顺序用于指示下一次喷涂的颜色。每周喷 50 种颜色，喷涂的颜色顺序是确定不变的，每个产品在中央超市存储一周的库存量。在这个转轮上，还预留了几个空白的时段，用于喷涂不常见的颜色，或者为计划性维护腾出时间。

当有相应颜色的产品需要喷涂时，喷涂主管必须确认该产品上周的消耗量，并计划本次喷涂的数量。如果你愿意，可以使用生产指令看板，并把它附在存放喷涂后产品的周转箱上。当周转箱内的产品被使用时，将看板摘下，收集在一起并及时送回喷涂车间。轮到生产该颜色的产品时，该零件看板卡片的数量就是需要喷涂的数量。

批量信号看板：批量信号看板是另一种为批量工序做生产计划的有效方法。当然，这种方法有点儿难，除非你已经采用过前两种类型的看板或者是别无选择，否则我不建议你采用它。

采用批量信号看板时，系统里每个存放零件的容器都会附上一张相应的看板卡片。整个看板系统可能有几百张卡片，这主要取决于中央超市里有多少种零件，每种零件有多少个容器。

当零件被消耗完，取下看板并定期送回生产工序，挂在看板挂板上。

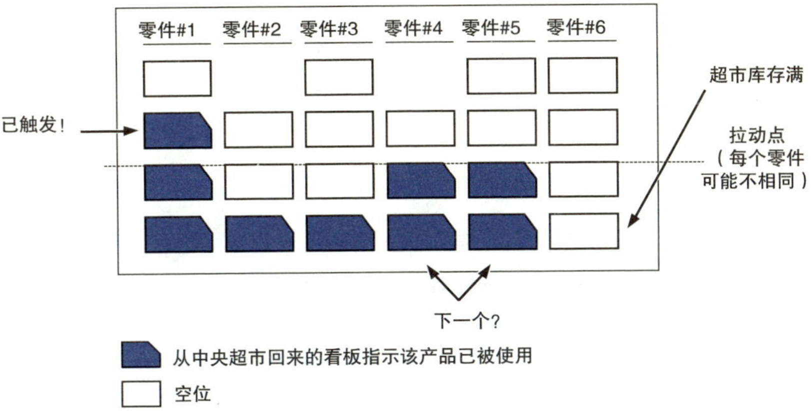

批量信号看板挂板

挂板上被送回的看板表示超市中相应的库存已经被消耗完。如果看板没有送回，意味着库存仍在超市里。当到达预先确定的拉动点时，生产操作员开始加工该零件，补充超市的库存。

批量信号看板的优势在于让信息更频繁地返回到生产工序。它显示的是实际取走的量，同时也提供了一个可视的画面，让人了解库存的消耗状况并突显中央超市出现的问题。

使用这个系统的难点在于，它要求看板卡片能被按时送回并且不能丢失，否则看板挂板上就不能反映出超市的准确库存状况。而且，这个系统倾向于让计划人员和主管不要计划未来，看看下一个需求是什么，在实际需求之前开始生产。计划未来总是一柄双刃剑，某些情况下，你可能避免了库存不足，但你也可能过量生产了很多其他零件。

控制上游生产——成功的关键

- 选择如何在定拍工序向上游拉动生产
- 仔细考虑是采用“定时不定量运送”还是“定量不定时运送”
- 物料搬运员的工作标准化
- 有效管理中央超市的库存量
- 用提取看板从中央超市拉动物料到装配单元
- 用信号看板，例如三角看板，控制超市上游的批量工序

第五部分　扩大均衡拉动系统

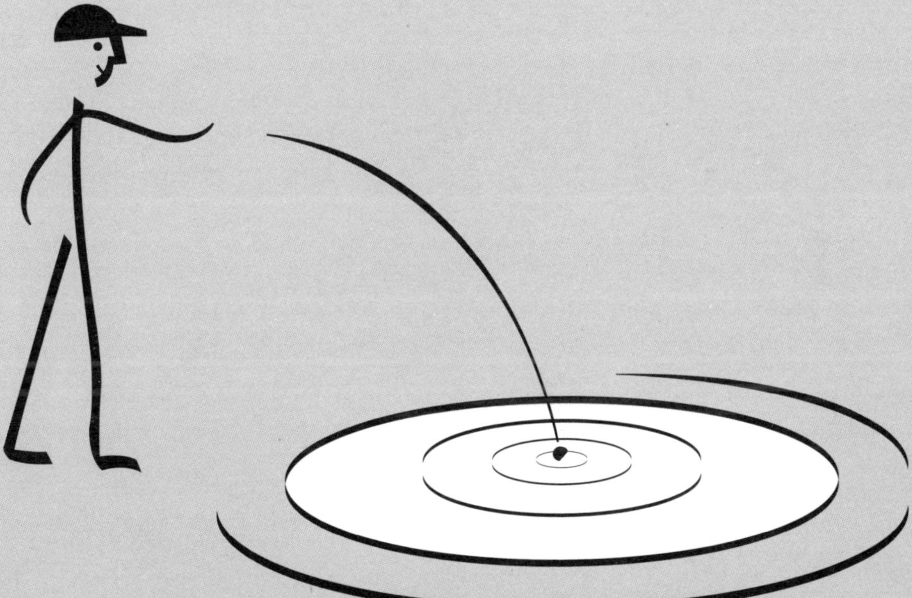

第五部分　扩大均衡拉动系统

扩大均衡拉动系统

问题十：如何将均衡拉动系统扩大到厂房内其他产品族的价值流？

扩大均衡拉动系统

现在艾宝已经把外视镜的价值流转变为一个均衡拉动的系统，从顾客需求开始，经过装配、喷涂和注塑成型，整个生产过程按照节拍时间生产，并及时补充物料。

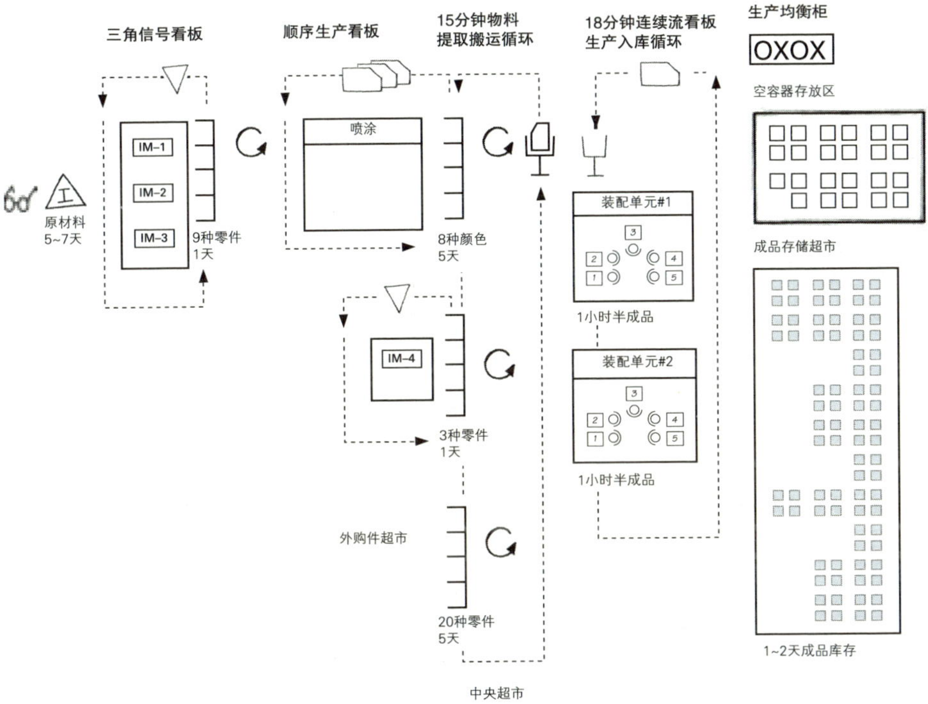

外视镜价值流的物流和信息流

整条价值流的改善取得了明显的收益。装配单元的准时出货率和艾宝公司的按时交货率一直稳定在100%。上游工序对装配单元的按时供货率也提高到98%，未能达成完美的成绩往往是因为上游机器故障造成的。有史以来改善团队记忆中第一次做到了整条价值流不需要加班并且也不用加速物料运送。同时，半成品库存降低了70%，成品库存也降低了70%，使厂房可用面积大大增加。

因为实施了均衡拉动并坚持按节拍时间生产，生产效率有了明显提高；消除了加班，直接工人的工作效率用每人每小时产量来计算，最近几周平均提高了13.6%。

质量方面，虽然不是这次改善的重点，但也取得了一定的成绩。过去常常需要几天或者几周时间才能发现的质量问题，现在很快就能找出来。虽然均衡拉动系统无法消除问题的根本原因，但由于能在第一时间发现问题，避免了更多连带问题的发生。

外视镜价值流的业绩表现

	均衡拉动之初	当前状态	说明
生产效率			
直接工人(件 / 人 / 小时)	11.0	12.5	约 14% 的改善——减少了加班
物料搬运员(支持这个价值流的)	4	2	50%的改善——但人员利用率仍然不高
质量			
报废	2%	1.5%	下游工序能快速发现上游工序的问题
返工	15%	12%	下游工序能快速发现上游工序的问题
顾客质量(ppm)	105	105	没有变化——没有处理这个问题
停工时间			
装配(分钟 / 班)	20	10	减少了等待物料的时间
喷涂(分钟 / 班)	15	15	减少了等待物料的时间
注塑成型(分钟 / 班)	10	10	减少了等待物料的时间
库存周转率			
全部	12	24	保持大约 2 周库存
按时交货率			
按时交货率(上游内部过程对装配)	75%	98%	消除了加班和加速工作
按时交货率(装配对发货部门)	85%	100%	消除了加班和加速工作
按时交货率(艾宝对顾客)	100%	100%	消除了加班和加速工作
生产周期			
加工时间(分钟)	125.7	125.7	没有变化
生产周期(天)	30	12	订单产出周期只有 2 天
成本			
每周加班成本	$5000	$0	100% 的降低
每周加速成本	$2000	$0	100% 的降低

非直接工人，物料搬运员的工作效率也有所提高。目前，一个物料搬运员负责外视镜价值流的生产看板作业，另一个物料搬运员负责提取看板系统。因为只限于外视镜价值流，所以他们的工作时间（还有 30%~70%）并没有被充分利用。艾宝下一步将要解决这个问题。

问题十：如何将均衡拉动系统扩大到厂房内其他产品族的价值流？

虽然这些改善效果非常显著，但只在一个价值流里实现了。艾宝管理层处在实施均衡拉动系统的一个重要转折点，需要考虑是否将改善的措施扩大到整个工厂其他产品的价值流，以取得全面效益。

如何顺利推进改善？对于如何扩大实施均衡生产的范围，改善团队成员表达了不同的意见。一种是继续以“单个价值流突破”的方式来扩大均衡拉动系统。因为外视镜价值流改善花了大约 8 周时间，其中大部分时间用于学习新系统的概念和逻辑，因此将之扩大到其他产品的价值流需要 3~6 个月的时间。

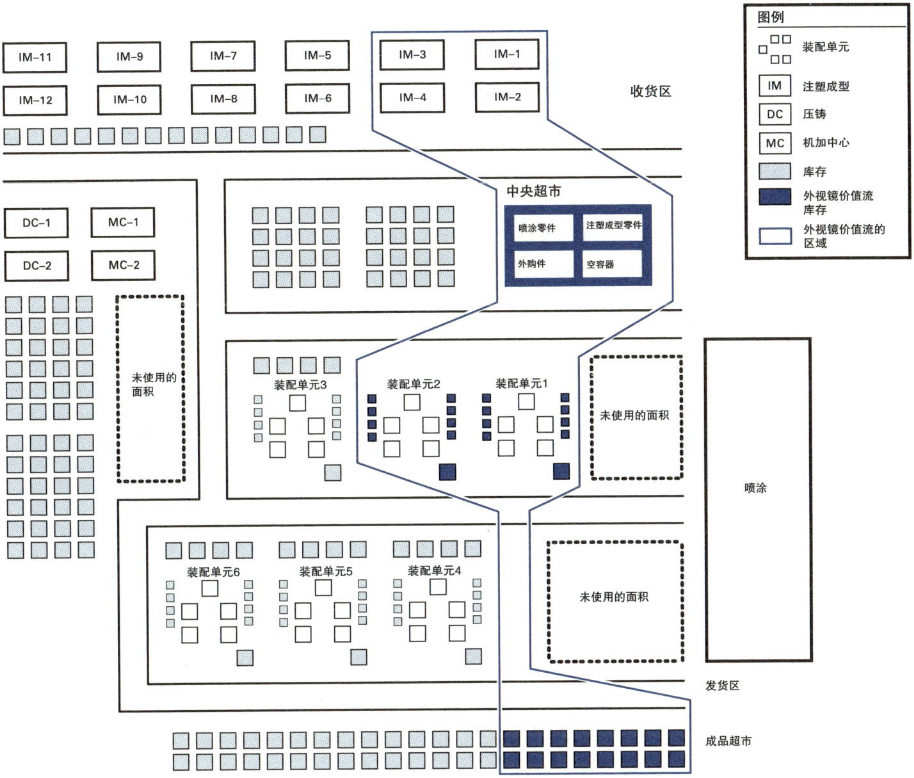

艾宝当前状态布局

另一种是建议以“部门突破”的方式来扩大均衡拉动系统。转变所有批量工序的计划方式，装配单元以及成品超市的作业方式，最后解决中央超市问题。

两种意见各有优点，总结如下表：

艾宝的决定——扩大改善成果的选择

选择	优点	缺点	说明
价值流方法	1. 已有成功的模式 2. 实施的时间表很清楚 3. 已有可证实的改善效果	1. 还有几个单元，需要分几次去做 2. 需要更长时间 3. 很难对共享的设备一会儿施行计划管理，一会儿施行看板管理，如此，在转变期间会造成很多混乱	在这个案例中是不正确的选择
部门方法	1. 解决共享设备的计划问题 2. 快速解决主要问题 3. 抓住跨价值流的改善机会，例如提高物料搬运员工作效率	1. 修正实施计划 2. 时间方面的不确定性 3. 缺少经验	更适合艾宝当前状况

艾宝认识到，价值流方法通常适用于工厂的设备能平均分配给不同的价值流，或者是每个价值流都有自己的专用设备。这样关于这个价值流的所有决定和行动计划都是清楚的，不会影响到工厂里其他的价值流。

但在艾宝工厂，很多工序是多个价值流共享的，所有的价值流都用到喷涂，压铸成型工序也由两个价值流共用。此外，许多注塑成型的设备也是共享的。只有装配单元和 4 台注塑成型设备是外视镜价值流专用的。在用计划推动整个工厂运作的环境下，为共用的工序做计划是传统的推动生产方式中最困难的一步。因此，想为某一个区域进行均衡拉动，就相当于建立了一个反应链条，会影响到其他区域。

最终，艾宝决定采取“部门突破”的方式。团队将依次改变所有的注塑成型工序，接着是所有的喷涂和压铸，所有的外购件，最后是所有装配单元。这样做有以下几个好处：

- 避免实施时导致一些设备（例如：注塑成型）在加工时，有的采用推动方式，有的采用拉动方式；
- 团队能迅速专注于整个物料供应过程中的关键问题，并快速提升按时交货表现；
- 综合考虑各价值流的物料处理工作，并作出妥善的安排。

扩大均衡拉动系统的方法

应该如何系统地扩大均衡拉动系统呢？

如果你的生产设备比较简单，大部分是组装加工，并且专用于具体的某个价值流，建议你按价值流实施均衡拉动。只要能将工厂划分成几个独立作业区域，并且在一个区域里实施改善并不影响到其他区域，按“价值流突破”的方法扩大均衡拉动是最佳选择。

不过，大多数工厂都会有共用的设备。对于这些共用的设备，有些采用拉动方式安排生产，而同时又有些使用推动生产，这在实践中会有很多困难。如果你有共有设备，以及批量生产的工序，最好采用“部门突破”的方式。这听起来好像很麻烦，但工作的本质都是一样的，因此一次解决问题也不是坏事。这样做的另一个好处是，能迅速取得成果，并避免解决一个难题的同时又导致另一个问题。

不管采取哪种方法，你必须仔细考虑所有的部门和设备。在艾宝，有许多职能部门，例如物料管理和生产计划，是整个工厂内共用的。这样做才能最大限度地提高工作效率。这也是系统化改善的精妙之处，它常能得到“价值流突破”方式所得不到的收益。

最后强调的是，请权衡你的需要、能力和资源，根据实际情况，选择最适合你的方法。

艾宝召开了一次改善团队和整个管理层都参加的特别会议，讨论如何以“部门突破”的方式推进改善进程。会上，大家就整个工厂未来状态达成了共识，并据此制作了未来状态工厂布局图。改善团队知道，一旦整个工厂的远景确定下来了，分步实施就相对容易了。

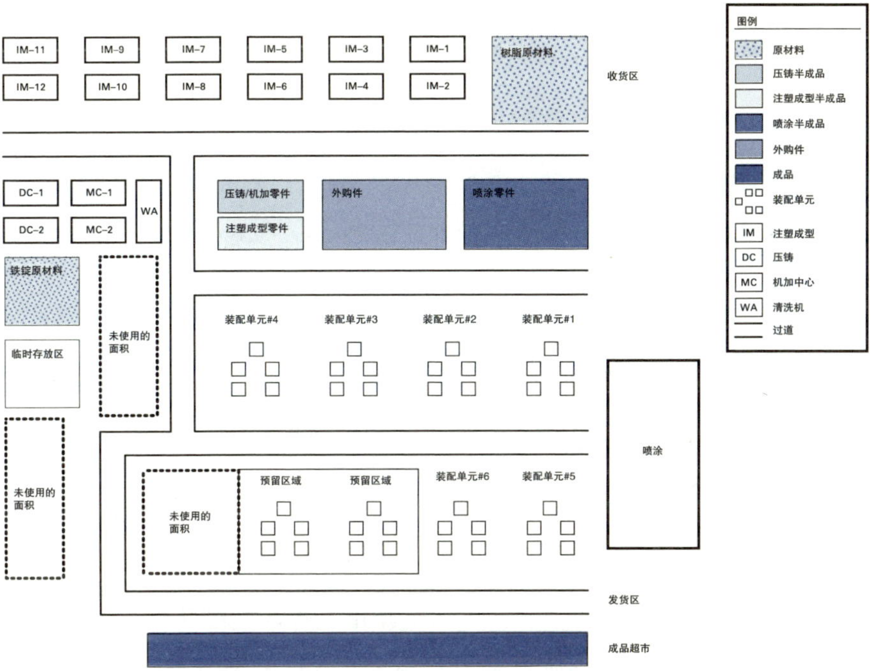

未来状态工厂布局图

基于这个远景，艾宝改善团队决定依次实施以下四个项目：

第一个：批量工序全部实施看板管理

第二个：增加中央超市库存零件种类并重新组织货位

第三个：在整个工厂范围内，建立起物料提取看板系统

第四个：在整个工厂范围内，建立起生产指令看板系统

第一个：批量工序全部实施看板管理

艾宝首先选择在注塑成型和压铸区域实施三角看板。根据先前的经验，改善团队了解到这个区域的主要问题是不能在正确的时间和地点提供正确的零件给下游工序。解决了这个问题，整个工厂都将受益。

整个改善过程与第四部分外视镜价值流的叙述一样。逐台机器、逐个零件地分析，改善团队计算出正常生产时每台设备的可用时间，每个零件的加工时间、批量大小和拉动点。

制作了三角看板，设定了中央超市的库存量，并把注塑成型和压铸的零件库存都搬运到中央超市。整个工厂共有 12 台注塑成型设备，平均每台注塑成型设备加工 3 种零件。中央超市里共有 36 种零件，每种零件保留一天的库存量。

压铸工序与此类似，但稍有不同。零件被压铸成型后，要打一个孔并清洗。这种情况下，零件压铸成型后，直接通过

“先进先出通道”送到一个特别的机加中心和清洗单元，没必要在这两个工序之间建立超市，取而代之的是一个“先进先出通道”。在此通道上存放大约 1 小时的库存量，用以避免因机器故障而中断生产。零件打孔清洗后直接被转运到中央超市。

经过 4 周时间，艾宝改善团队把所有的注塑成型和压铸工序都转变为用三角看板拉动的方式运作。经过一段时间的试运行后，他们发现需要一个专职人员负责从注塑和压铸区域转运物料到中央超市。这个人还可以负责检查超市中各零件的库存水平是否到达拉动点。当到达拉动点时，把三角看板和相应数量的空盒子送到指定的工序。这样大大降低了整个工厂的库存，加强了成型加工区域和下游工序之间的联系。

第二个：增加中央超市库存零件种类并重新组织货位

现在改善团队着手将其余的产品，包括外购件纳入中央超市。

因为所有注塑成型和压铸产品的库存量和拉动点都已经确定了，因此接下来关注喷涂工序的产品以及外购件。喷涂采用每周生产计划（第四部分有详细描述）来管理喷涂的顺序和补充周期时间。改善团队必须识别出常用的零件型号，并根据过去几个月的需求状况计算出每种零件的日平均需求量。用日平均需求量乘以 5 天的补充周期，再考虑可能的返工损失等因素，团队为每种零件设定了超市库存量。超市中共存储了 50 种喷涂零件。

每天每班开始时，生产管理部门检查中央超市中各喷涂件的库存量与目标的差距，并据此决定当天生产量。生产管理部门下达基本的数量信息，指示喷涂主管每种颜色的喷涂数量。某些特殊的零件，例如工程样件或是需求量很少的备件，在每班末尾预留了少量时间用于喷涂这类零件。这段时间有时也用于执行预防性维护工作。

对于外购件的超市，首先重新核定了每种零件补货的间隔时间。大约 35% 的零件来自本地供应商，只要提前一天通知需要的数量，第二天就能将零件送到工厂。大约 50% 的零件来自外地供应商，每周发货一次。其余大约 15% 的零件来自国外供应商，一般每两周或者每月发货一次，通常数量比较大。艾宝平均持有 5 天的原材料库存。

生产管理部门采用一个简单的检查过程来管理原材料超市物料的补充。当某个零件到达预先设定的拉动点时，生产管理分析员会根据报废损失以及其他因素，酌情调整订单数量，并向供应商发出订单。虽然这不是一个标准的供应商看板补充系统，但在艾宝精益实施过程中，这个方法非常有效。对于设定原材料超市和计算补充周期的具体方法，在 LEI 的另一本精益工具书《精益物流》中有详细的阐述。

在建立中央超市时，改善团队提出了一些更有效的处理措施：

- 流动货架标志清楚，用不同颜色标出最高库存量、采购点以及最低库存，当库存水平接近最低库存时，意味着要加速零件的订购。

- 超市货位地址按照过道、排、货架和隔板四个层次来设计。这些信息同时被显示在每个零件的物料提取看板上。

- 重量大的零件放在容易取放的位置。

- 使用频率高的零件存放在通道的一端、容易取放的位置。

- 类似的零件存放在一起，以使物料搬运员容易找到。开始时按照供应商来分类存储零件，但实践一段时间后，发现效果不佳。

- 采用可视化的标志，指示搬运物料的方向与路线。

第三个：在整个工厂范围内，建立起物料提取看板系统

当前的物料提取看板系统只涉及外视镜装配单元。为了将这个提取看板系统扩大到其他的装配单元，艾宝重新组织了生产单元和流动货架，以便物料转运。改善团队为装配单元的每个零件制作了提取看板，确定了合理的单位制造时间和所需的员工人数。

为使物料提取看板系统有效运作，所有装配单元都进行了产品地址规划。因为只有 6 个装配单元，并且又都在同一区域，因此前面提到的外视镜装配单元的定位方法还是适用的（见第 90 页）。

每种存储在装配单元的零件都需要一个物料提取看板。改善团队在这些看板卡片上填写了需要的信息，包括零件提取和发运时需要的地址。

接下来改善团队需要决定用几个物料搬运员来执行这条运输路线，包括提取看板及补充零件等工作。

改善团队预计，6个装配单元，平均每小时拉动180张看板。每个物料搬运员在 15 分钟的补充间隔里能处理 10~12 张看板，这表示需要 4 个物料搬运员。以前，这 6 个单元每班需要 10 个物料搬运员来处理物料，与之相比，新核定的人数少了很多。

目前的挑战在于如何更有效地组织物料处理工作，提升总体效率。如果每个区域配备专职的物料搬运员，会导致工作量很难平衡。因为不同的单位包装数量和节拍时间导致拉动的次数不同。当然，一个专职的物料搬运员能清楚地界定职责，但这种安排要求有 6 个物料搬运员，而每个人的工作量都不够饱满。

最后艾宝找到了一个有效的方法：4 个物料搬运员一起为 6 个装配单元服务。作为一个团队，他们以顺时针接力赛的方式互相合作。想象整个物料提取工作是一个圆，每个人负责 1/4 弧度的工作量。

经过几次尝试，这种方法非常有效（见下图）。每个物料搬运员依次巡视这 6 个装配单元，在 15 分钟的补充间隔内提取 10~12 张看板并补货到位。这样，工作量的差异主要是在 6 个单元之间走动的距离和时间，其他的工作内容是相同的。

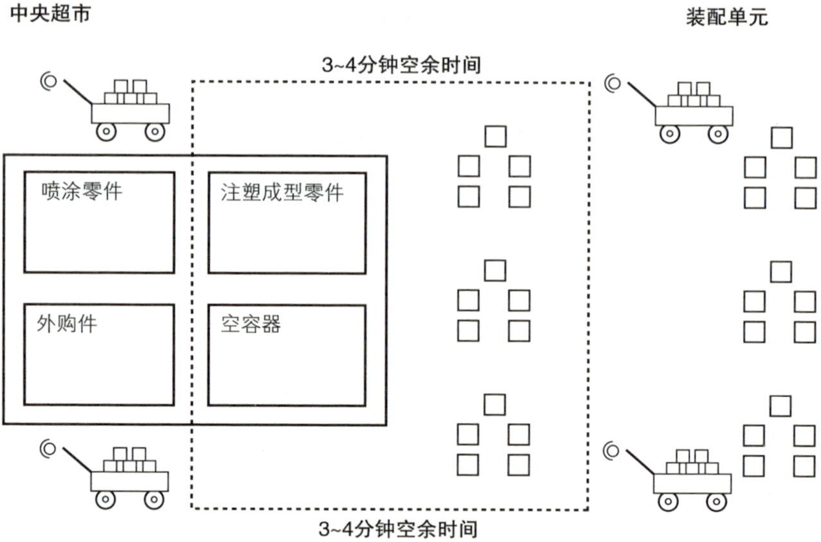

4 人物料处理团队

更新后的物料搬运工作标准

步骤	工作内容	所需时间
	操作工人在开始使用容器中的零件时就摘下提取看板，并将看板放到附近的看板架里	
1	根据定时补充规则，物料搬运员从中央超市走到装配单元	2 分钟
2	收集每个看板架里的提取看板和各单元里的空容器；发放零件到各生产单元；回到中央超市	6 分钟
3	回到中央超市，将提取看板按照最容易提取物料的顺序排序	15 秒
4	将收集的空容器放到中央超市的指定地点	1 分钟
5	拿取存放小零件（例如：螺母、螺栓、螺丝钉、垫圈等）的箱柜	1 分钟

（续表）

步骤	工作内容	所需时间
6	从存储货位提取零件并放到物料搬运车上(平均每次提取12种零件,每种零件需要20秒)	4分钟
7	将提取看板放到存放相应零件的容器里,然后回到第1步	15秒
	合计	14分30秒

现在艾宝可以将物料搬运系统标准化。采取这种管理方式有以下几个好处：

- 几个员工一起接受物料处理工作的培训，这样大大降低了由于退休、度假或生病导致缺人的风险。
- 现在工厂有了一种决定搬运工作量的标准方法，当增加新的单元或者零件时，管理层可以精确地计算出相应增加的搬运工作量以及需要的人力资源。
- 物料处理工作的改善焦点变得更清楚了。过长的走动时间和当前的搬运路线都不是最好的方案。如果能进一步改善，将相关的工作内容缩减25%的话，就可以减少1个物料搬运员。如果物料搬运员专职服务于某个指定的生产单元，那么跨价值流的改善活动就不可能提升工作效率。

第四个：在整个工厂范围内，建立起生产指令看板系统

与物料提取看板系统类似，目前运行的生产看板只涉及工厂内两个外视镜装配单元。系统的单位制造时间是 18 分钟，物料搬运员的实际工作量只有 10 分钟。为了把这个系统扩大到其他装配单元，艾宝需要计算评估整个看板系统的总工作量、总体单位制造时间和所需的员工人数。

为了决定总工作量，艾宝改善团队核定了各装配单元的单位包装数量、节拍时间和单位制造时间。

各装配单元工作量

区域	节拍时间	成品单位包装数量	单位制造时间
装配单元 #1	54 秒	10	540 秒（9 分钟）
装配单元 #2	54 秒	10	540 秒（9 分钟）
装配单元 #3	60 秒	12	720 秒（12 分钟）
装配单元 #4	60 秒	12	720 秒（12 分钟）
装配单元 #5	45 秒	8	360 秒（6 分钟）
装配单元 #6	45 秒	8	360 秒（6 分钟）

和大多数工厂一样，艾宝工厂没有一个共同的单位制造时间。每个产品族都各有各的节拍时间和单位包装数量，因此艾

宝需要建立一条能满足不同需求的运输路线。

他们希望借鉴先前建立标准化操作的经验，按单位制造时间来均衡物料搬运员之间的工作量。幸运的是，工作的基本程序都已经标准化了，包括：发送看板指令和提取空的容器，从生产单元收集成品并转运到成品超市等过程。

艾宝改善团队计算出每个装配单元每小时的看板数量，将之除以单位制造时间。

每个生产单元每小时的看板数量

区域	时间	÷	单位制造时间	=	每小时看板数量
装配单元 #1	60 分钟	÷	9 分钟	=	6.7
装配单元 #2	60 分钟	÷	9 分钟	=	6.7
装配单元 #3	60 分钟	÷	12 分钟	=	5
装配单元 #4	60 分钟	÷	12 分钟	=	5
装配单元 #5	60 分钟	÷	6 分钟	=	10
装配单元 #6	60 分钟	÷	6 分钟	=	10
合计					43.4

艾宝改善团队认识到，就像提取看板的作业一样，物料搬运员处理生产指令看板的工作量中，有一部分工作是固定的，

例如行走时间，其余部分则随着每个搬运员每一趟运送的容器数量而变化。

如果不考虑转运的容器数量，每趟行走的时间大约需要 3 分钟。每次运送一个看板的货需要大约 1 分钟。基于这些数据，团队发现搬运工作有几种选择，详见下表。

艾宝的决定——成品搬运工作的几种选择

选择	固定的工作量	每小时搬运次数	每次看板数量 *	变动的工作量 **	总工作量	说明
18 分钟循环	3 分钟	3.3	13.2	13.2 分钟	16.2 分钟	可以，现在就是这样试运行的
15 分钟循环	3 分钟	4.0	10.9	10.9 分钟	13.9 分钟	可以，即每小时 4 次
12 分钟循环	3 分钟	5.0	8.7	8.7 分钟	11.7 分钟	可以，即每小时 5 次
9 分钟循环	3 分钟	6.7	6.5	6.6 分钟	9.5 分钟	超负荷
6 分钟循环	3 分钟	10.0	4.3	4.3 分钟	7.3 分钟	超负荷

* 每小时 43.4 个看板除以每小时搬运次数。

** 处理每个看板的工作量是 1 分钟。

艾宝管理层知道，运送的间隔越短，每个生产单元实际状况的反馈就越频繁，因此要求班组长的技能和快速响应问题的能力也越高。在试运行期间，他们以 18 分钟为单位时间间隔来执行生产。现在，他们已经准备好采用较短的单位时间间隔。

目前采用 6 分钟或 9 分钟的单位时间间隔还不可行，等将来实施更多改善后再来考虑。

剩下的两种选择分别是 12 分钟和 15 分钟。12 分钟的单位时间，每小时可以提取 5 次生产看板，每次处理大约 9 个容器。虽然这是一个非常具有挑战性的目标，但搬运主管相信他们能完成这项任务。

因此，艾宝改善团队决定采用 12 分钟的单位时间间隔来处理整个工厂的看板系统。但是，还有一个问题，#1 单元和 #2 单元的单位制造时间是 9 分钟，和 12 分钟不成整数倍关系（12 除以 9 的结果不是整数）。如果不作适当调整，#1 单元和 #2 单元就可能出现没有生产看板的情况。下面是艾宝改善团队找出的解决办法：

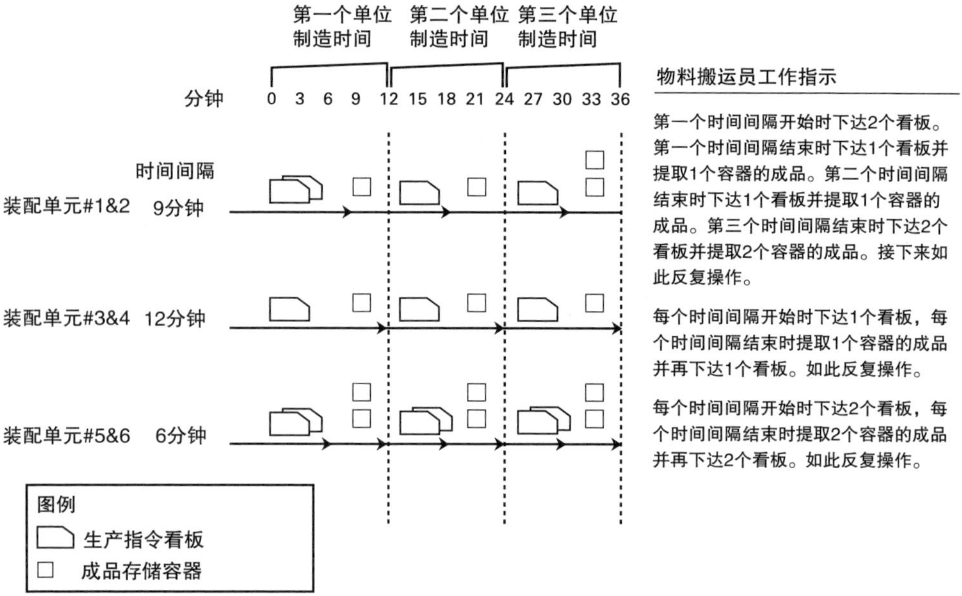

生产指令看板系统运行办法——12 分钟单位时间间隔

为了处理 #1 单元和 #2 单元的问题，决定采取交错下达看板信息的方式（见上图）。刚开始时，在 #1 单元和 #2 单元分别下达 2 个看板指令，这样生产单元就有 18 分钟的时间间隔，不会出现不知道生产什么产品的情况，直到 12 分钟后下一个生产指令的到来。

第二次发送时，下达 1 个看板，并转运 1 个容器的成品到成品超市。第三次下达 1 个看板，转运 1 个或 2 个容器的成品。

接下来，重复以上的作业循环方式。因为其他单元的单位制造时间和 12 分钟的时间间隔是整数倍关系，所以交错下达看板信息对其他装配单元是没必要的。

处理不匹配的单位制造时间

你可能会发现，工厂内各生产单元的单位制造时间并不相同。一种方法是取最小公倍数作为标准时间间隔。例如：艾宝工厂，单位制造时间分别是 6 分钟、9 分钟和 12 分钟，它们的最小公倍数是 36 分钟。因此，每 36 分钟，#1 单元和 #2 单元各下达 4 个生产看板；#3 单元和 #4 单元各下达 3 个生产看板；#5 单元和 #6 单元各下达 6 个生产看板。

对某些工厂，在施行均衡拉动的初始阶段采用这种办法比较好，但对艾宝来说，这样的单位时间间隔太长，对于生产节拍和响应问题的速度来说太慢了。

另一种方法是按价值流和产品族的单位制造时间配备专职的物料搬运员。在这个案例中，1 个物料搬运员负责 #1 单元和 #2 单元；1 个物料搬运员负责 #3 单元和 #4 单元；1 个物料搬运员负责 #5 单元和 #6 单元。如果物料搬运员的工作量和单位制造时间匹配的话，这种方法是可行的，但并不适用于艾宝。

某些情况下，成品可以被转运到发货区域并包装，但这有发生产品混杂的风险，必须采取适当的步骤来避免失误。其他的选择，例如改变单位包装的数量，也有风险。节拍时间可能随客户订单发生变化，这将导致单位制造时间的改变。

当单位制造时间不一致时，可以考虑将下达生产看板和搬运分开处理。稍微提前一点儿下达生产指令给那些制造时间较短的生产单元，以确保这些单元能持续生产。稍后，再搬运相应的成品到成品超市。艾宝就是这么处理# 1单元和#2单元的。

扩大均衡拉动系统的范围

艾宝花了4个月的时间完成了上面的四项重大改善项目。在此期间，改善团队建立了一些必要的库存，工厂布局也做了一些变化，当然也安排了一些加班。

改善团队为6个产品族创建了包括物流和信息流在内的均

衡拉动的系统化改善（如下图显示）。

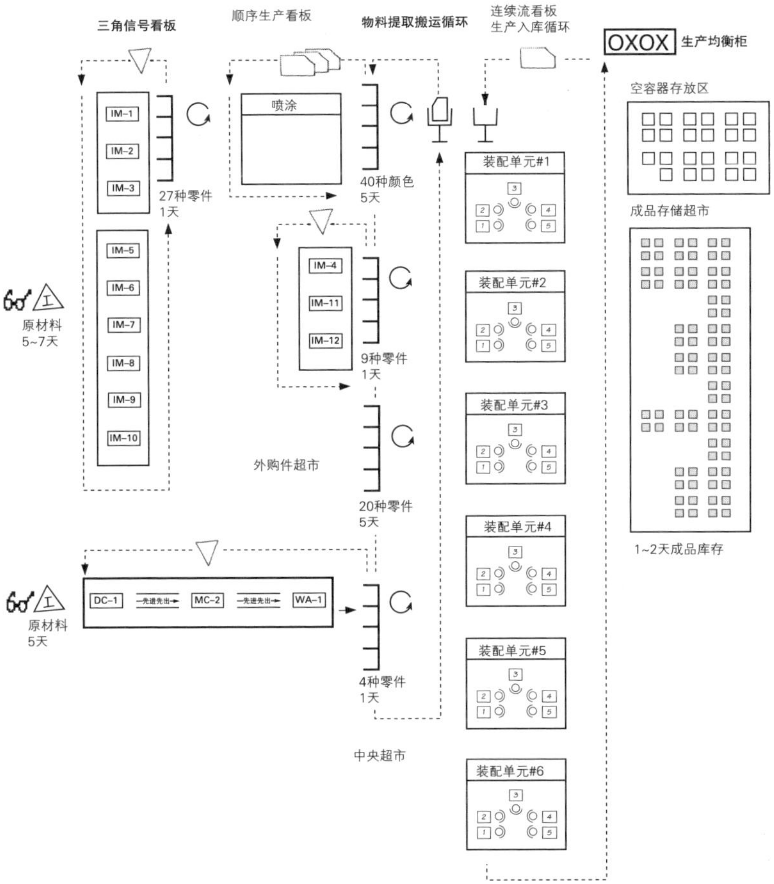

艾宝整个工厂的物流和信息流图

扩大均衡拉动系统——成功的关键

- 当价值流使用的设备大部分是专用的，很少有共同的设备时，可以按价值流来实施扩大均衡拉动系统。
- 批量的设定通常需要一起考虑，而不是单个解决。
- 为了提高作业计划和物料搬运员的工作效率，必须跨价值流共用资源。
- 尽快在整个工厂范围内，建立物料提取看板系统和生产指令看板系统，而不要局限在部分区域的看板作业。
- 有顺序地推进工作，首先解决最棘手的问题。

第六部分　保持成果　持续改进

第六部分　保持成果　持续改进

保持成果并持续改进

问题十一：如何坚持并执行均衡拉动系统？

问题十二：如何持续改进均衡拉动系统？

系统化改善机会

保持成果并持续改进

艾宝通过一步一步地改善，在全厂范围内实施了均衡拉动系统，取得了显著成果。虽然没有改变注塑成型、喷涂和装配等加工的操作过程，但大幅提高了直接工人和非直接工人的工作效率，信息流和物料流能支持工作流程的顺利进行。同时，库存、厂房面积、加班、特别加速运送等方面的运营成本大幅降低。现在艾宝更善于响应顾客的需求，尤其是产品型号的改变。

虽然 6 个月里已取得了可观的成绩（见下图），但艾宝改善团队知道改进工作并没有结束。眼前的挑战由过去的推动精益转化，渐进为建立一个管理系统来保持来之不易的改善成果，并推动持续改善。

艾宝运营业绩表——所有产品族

	均衡拉动之初	目标	当前状态	改善幅度	说明
生产效率					
直接工人（件 / 人 / 小时）	10.2	12.5	12.5	22.5%	没有加班
物料搬运员（所有班次）	25	12	15	40%	人员被充分利用

（续表）

	均衡拉动之初	目标	当前状态	改善幅度	说明
质量					
报废	2%	<1%	1.5%	25%	没有处理这个问题
返工	15%	<5%	12.5%	16%	快速发现问题
顾客质量（ppm）	105	<50	105	0%	没有处理这个问题
停工时间					
装配（分钟 / 班）	30	<5	10	66%	减少了等待物料的时间
喷涂（分钟 / 班）	15	<10	10	33%	减少了等待物料的时间
注塑成型（分钟 / 班）	20	<10	10	50%	减少了等待物料的时间
库存周转率					
全部	10	30	24	140%	
按时交货率					
按时交货率（上游内部过程对装配）	75%	98%	98%	23 个点	消除了加班和加速工作
按时交货率（装配对发货部门）	85%	100%	100%	15 个点	消除了加班和加速工作
按时交货率（艾宝对顾客）	100%	100%	100%	0 个点	消除了加班和加速工作
生产周期					
加工时间（分钟）	125.7	125.7	125.7	0%	没有变化
生产周期（天）	30	12	12	60%	订单产出周期只有 2 天
成本					
每周加班成本	$25000	$0	$0	100%	没有加班成本
每周加速成本	$9000	$0	$0	100%	没有加速成本

问题十一：如何坚持并执行均衡拉动系统？

坚持执行均衡拉动系统不是一件容易的事情，也不是短期就能见效的活动。艾宝需要进一步改变生产和运营管理的基本原则。

下面三个方面对于任何一个均衡拉动系统都至关重要：

A. 密切关注顾客的需求

B. 持续评估业绩指标和过程稳定性

C. 生产和运营的日常管理，以确保工作按标准执行

虽然每家公司会有不同的职责分配方式，但都必须有人负责上述工作。下面将介绍艾宝如何分工。当你处理类似问题时，必须明确划分谁负责哪项职责。

A. 密切关注顾客的需求

顾客需求决定了生产的节拍时间，是所有均衡拉动系统的关键基础。成品库存的数量、中央超市各零件的库存量和生产计划时间不仅彼此影响，也都和特定期间的平均需求直接相关。

一旦平均需求发生变化，艾宝必须相应地调整工厂内物料超市的库存。因此，艾宝建立了一个每月需求评估制度，由生

产管理部门掌握，所有的运营部门也都派人参与，来审视每个产品的需求状况。

在这个案例里，我们看到一个小的改善，将会显著地影响零件库存水平（见第三部分）。在实施均衡生产之前，零件 #14509 每周补充一次，成品超市持有 1200 个。实施后，因为补充周期从 5 天缩短到 1 天，A 类零件每天补充一次，其成品超市库存下降为 240 个（见下图）。

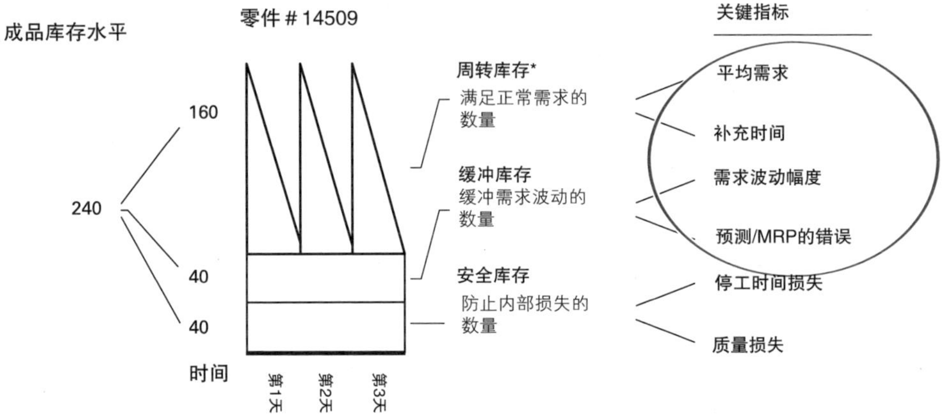

* 假定一个平均的顾客日需求，周转库存每天都被消耗和补充。

周转库存和缓冲库存的变量

补充周期是决定成品库存水平的因素之一，其他因素还包括平均需求的降低，将直接影响周转库存量。如果平均日需求从 160 个降到 100 个，需要的成品库存量也会相应减少。同理，如果停工时间增加的话，成品库存量也会相应增加。

除了每个产品的总需求和总库存量之外，艾宝还需要关注的第二个指标是产品比例变化。一般来说，产品比例的变化比总需求量的变化更重要，尤其是像艾宝这样的工厂，有大量产品需要喷涂并按顾客需求配置。

例如：外视镜的喷涂超市，基于平均日需求的相对天数，每个产品持有 5 天库存量，其总需求量可能容易保持稳定，但不同颜色产品的比例，可能是一个增长 50%，另一个下降 50%。喷涂超市的库存水平需要适应这种变化，否则就可能出现无法及时供货给装配单元的情况。

每月评估顾客需求时，要考虑的另一项非常重要的指标是需求波动幅度。虽然艾宝已经在工厂内部均衡了顾客的需求，但还是需要考虑需求的波动。因为顾客的平均需求可能保持不变，但波动幅度却可能正在变大。

当顾客需求的波动幅度变化时，艾宝需要调整成品缓冲库存，以适应需求的波动。分析需求波动时，最好采用标准差的统计分析方法。例如：分析零件 #14509 的需求数据，两个标准差的数量约为平均日需求量的 25%，相当于每天 40 个或每周 200 个。

需求波动幅度的增大导致缓冲库存的增加，因此，即使平均日需求没有多大的变化，也必须调整这个产品的成品库存数量。如果管理层没有相应地提高成品库存数量，一旦顾客需求变大就可能导致工厂洪水泛滥，并导致其他订单不能按时发货。一旦顾客需求变小，就可能产生不必要的成品库存。

管理层在每月评估顾客需求信息时，要考虑的关键问题包括：

● 平均需求、产品比例以及需求波动幅度是否变化；如果发生变化，是什么原因；以及这些变化对以下几方面的影响：

成品超市库存（周转库存、缓冲库存和安全库存）

成品超市、发货通道或中央超市的布局

中央超市的零件库存量

批量生产工序的拉动点

● 装配单元的节拍是否发生变化；如果有变化，对以下几方面有什么影响：

每个装配单元所需的操作员人数

生产看板的单位制造时间

每小时拉动的提取看板数量？需要几个物料搬运员

物料提取看板系统和生产指令看板系统

B. 持续评估业绩指标和过程稳定性

在每个生产工序，包括装配、喷涂和注塑成型，以及生产管理部门，管理层应该持续测量产能及实际业绩。没有持续的密切跟踪，业绩可能会倒退，其原因也无从知晓。

每个工序的报废率、换模时间、停工时间等都是非常重要的指标。知道每个工序的真实表现，并将之绘制成图表分析将有助于找到改善的方向。

业绩不仅针对生产，并且要包括库存水平。因为安全库存的高低与适时适量的生产直接相关，如果监控没有彻底执行，可能导致超市库存不足，乃至不能有效地满足顾客的需求。当计算安全库存时，请牢记，安全库存并不能解决过程的不稳定性。唯一的解决方法是按问题优先顺序，找到根本原因并彻底解决。

艾宝需要考虑的影响过程稳定的关键问题如下：

- 需要哪些指标来监控价值流的业绩稳定性（按时交货率、报废、返工、生产效率、安全、停工时间，等等）
- 收集这些指标的频率：每班、每天、每周，等等
- 谁负责跟踪、报告并改进
- 不稳定的工序有哪些：喷涂、注塑成型、压铸成型，等等
- 不稳定的幅度有多大？由此导致库存以及交付周期的变化
- 需要哪些改善来解决这些问题
- 最先需要改善的是哪一项

C. 生产和运营的日常管理，以确保工作按标准执行

艾宝的均衡拉动系统需要生产管理部门和运营部门的严密监管，以确保持续。世界上不存在完美无缺的计划系统，当变化无可避免时，这两个部门必须紧密配合，根据具体情况及时作出柔性的调整。

从另一个角度看，均衡拉动系统是一个非常有效的工具，能帮助发现工厂里存在的许多问题：产品不良、过量生产、供应商不能准时交货、换模时间过长、材料放错位置等。各部门主管的主要任务就是发现问题，提出方案并彻底解决这些问题。

艾宝努力地用可视化来管理，这进一步提高了维持改善成果的能力。可视化可以帮助大家尽早发现不正常的状况并迅速反应。主管可以通过和员工交谈或者审阅报告收集信息，但这相对被动，很容易遗漏一些关键点。精益生产，要求一线主管们更主动地找出问题并解决问题。

为了建立一个有效的可视化管理系统，管理层需要每天，甚至更频繁地回答下面的问题：

- 和计划相比，生产进度是超前了还是落后了
- 和正常库存水平相比，当前库存水平是过高还是过低
- 人力资源够吗，过多还是不够
- 设备是按周期时间运作吗
- 装配单元按节拍时间生产吗
- 有不良品吗，会造成下游工序短缺吗
- 供应商按时交货吗

回答这些问题，将帮助艾宝识别出不正常的状况。清楚简单的目视化管理将有助于维持均衡拉动的改善成果。

问题十二：如何持续改进均衡拉动系统？

通过标准化管理，艾宝维持了均衡拉动的改善成果。接下来，需要考虑的是如何持续改进这个系统。

在这个案例里，仍有相当大的改善空间。团队成员深入交换意见，列出了需要解决的问题清单。希望贵工厂也能朝这个方向努力。

过程稳定性

工厂的每个生产环节都存有浪费，包括多余的产能、生产速度以及不良品等，这些浪费所导致的损失都需要由安全库存来补偿。但设立了安全库存，并不表示永远保留同样的库存量。随着经验的增长，当消除了造成不稳定性的原因后，安全库存应该逐步降低。

目前，艾宝每个生产岗位每班都可能有 10~20 分钟的停工时间，2%~15% 的返工和报废。这些问题导致必须在成品超市和中央超市持有相当数量的安全库存，用来缓冲各种不稳定状况。例如：零件 #14509，总库存的 17% 左右用来缓冲内部损失。

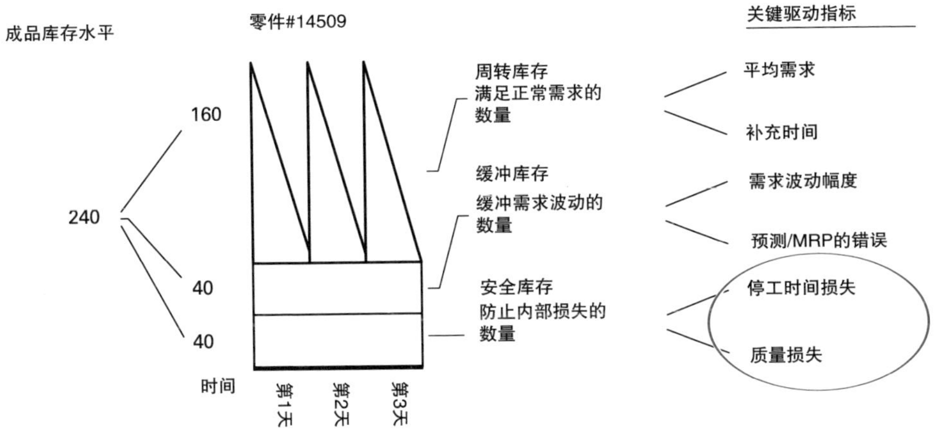

提升稳定性的手段

因此，艾宝需要设定明确的安全库存降低目标，并通过一系列的局部改善来实现这个目标。艾宝应该关注：

- 减少喷涂部门的报废和返工，特别是喷涂杂质问题。
- 消除注塑成型、喷涂和装配的设备故障时间，特别是与限位开关和传感器有关的机械故障。
- 消除由于缺料而导致的延误，尤其是生产部门和中央超市之间的补货过程。

其他的局部改善，例如降低换模时间也是非常重要的。降低换模时间不但能缩短补充周期时间，减少周转库存，还能降低安全库存。

顾客引起的需求波动

另一个重要目标是降低缓冲库存。由于顾客的需求波动，因此需要持有一定的缓冲库存。虽然顾客的需求波动并非制造工厂可以控制，但是密切关注波动的幅度是绝对必要的。

在艾宝工厂，左外视镜有几种产品的需求波动非常大。例如：零件 #13901 过去 3 个月的平均周需求虽然只有 1000 个，但最高的周需求竟高达 5000 个。

深入调查后发现，这种产品的顾客是距艾宝 2 小时路程的兄弟工厂。因为该产品需求较少，因此总部的生产管理部门经常积攒几周的订单后，才一次性将订单送到艾宝工厂。其实顾客需求基本没有什么变化，是人为“积攒订单”的操作模式造成了“需求波动”。

当遭遇较大的需求波动时，需要层层分析，像剥洋葱一样去找出根本原因。许多大公司的顾客服务和订单处理部门都位于工厂之外，因此顾客的需求信息往往不能及时分享。

其他的需求波动，可能是由内部价格因素或销售行为导致。顾客往往在季度末降价时或者因为特殊数量有折扣时购买产品。这种类型的需求波动虽然是运营部门无法控制的，但应该提出质疑：这样做是否为公司增加了价值。

系统化改善机会

最大的系统化改善机会是在非生产时间，尤其等待库存，占 99% 非增值时间。

降低周转库存量依赖于产品生产交付期的缩短。艾宝在缩短产品生产交付期方面做得非常出色，接收订单到发货的交付期从几周降到了 2 天，但是最长的生产交付期仍在 2 周左右。因此，系统改善的最大机会仍存在于从原材料到装配单元的过程之中。

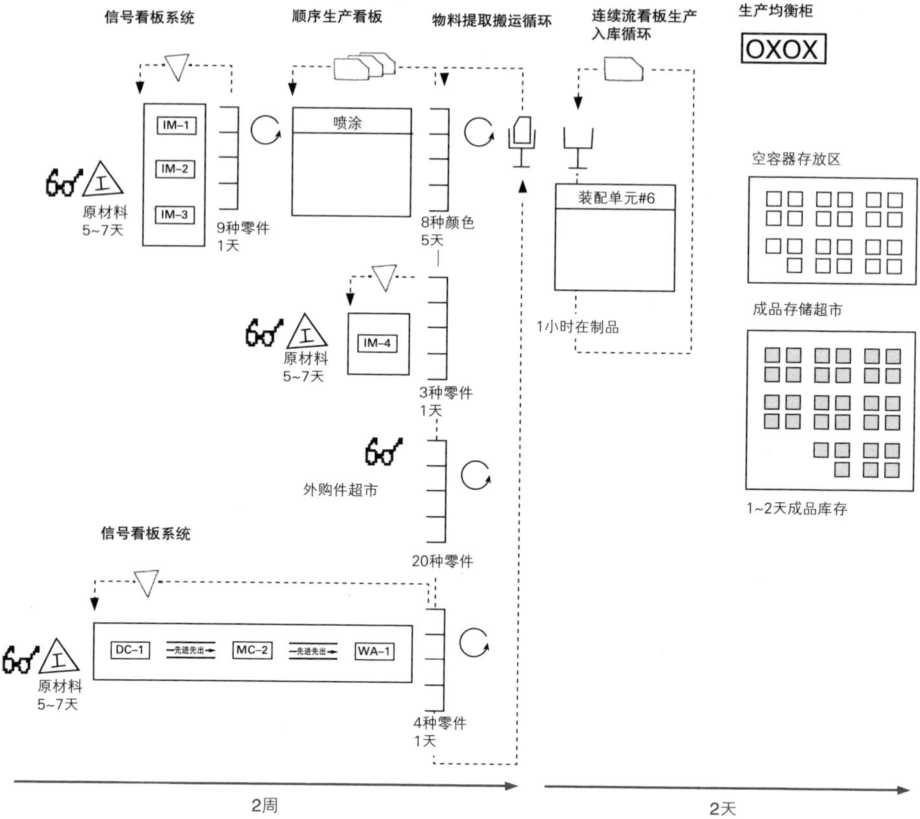

生产周期 vs. 订单产出时间

生产周期最长的产品有三个库存超市：喷涂库存超市、注塑成型库存超市和物料超市。每部分都有改善的机会。

库存超市的改善机会

超市	数量	影响交付周期的因素	可能的改善机会
喷涂零件	5 天	1 周补充时间	降低喷涂批量 喷涂增加 1 个班次 从装配下达生产指令到喷涂
注塑成型零件	1 天	1 小时换模时间	降低换模时间 增加第 3 个班次
原材料	5 天	供应商交货周期 50% 的零件是 1 周 35% 的零件是 1 天 15% 的零件是 2~4 周	提高供应商发货频率 寻找新的本地供应商

1. 喷涂零件超市

喷涂超市库存水平是基于下列因素确定的：喷涂工序补充周期时间是 5 天；每周喷涂 50 种颜色；每天一班，每班平均喷涂 10 种颜色。为了降低补充周期，有 3 种可行方案供选择：

第一种方案是降低喷涂批量并且增加每天喷涂的颜色种类。如果喷涂颜色增加到每天 20 种，就可以降低 50% 的喷涂超市库存。如果每天喷涂 50 种颜色，喷涂补充周期时间降为 1 天。但是，必须权衡增加的喷涂换模的成本和降低库存的收益，决定怎么做更划算。重大的改善机会往往激发技术人员重新思考生产过程。

第二种方案是假定其他因素不变，调低喷涂线速度并开设第二班。这也能砍掉一半的补充周期，降低 50% 的喷涂超市库存。但这种改变对质量和生产成本的影响必须审慎评估，然后再作选择。

如果上面两种方案是可行的，尤其是第一种，艾宝就应该考虑是否还需要保留喷涂零件超市。如果喷涂工序足够稳定，并且补充周期短，那么装配单元可以直接下达生产看板给喷涂部门，从而拉动生产（见下图）。但是，装配单元可能需要增加喷涂零件的在线库存来缓冲补货时间的偶尔波动（变长）。

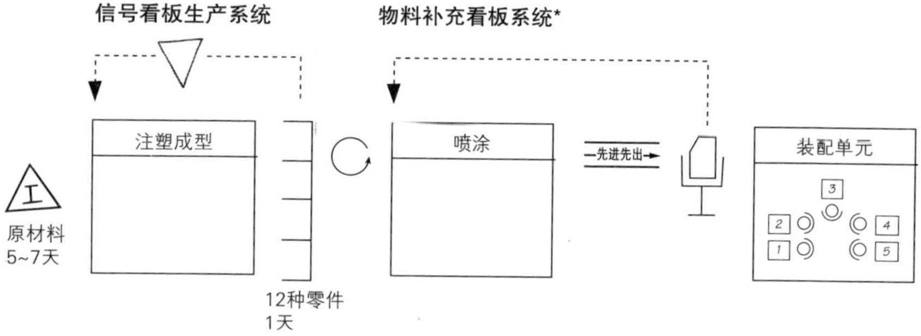

装配单元直接下达补充指令给喷涂

* 在本例中，物料补充看板作为喷涂部门的生产指令。

2. 注塑成型零件超市

降低注塑成型零件超市库存的关键杠杆是降低换模时间。目前换模时间是55分钟，其中每一分钟都可以直接影响补充周期的降低。一旦换模时间降低，生产批量、拉动点及补充周期都会发生很大的变化。

在某些情况下，不需要任何固定资产投资就能将换模时间降低80%。通过维护人员和设备制造商的合作，换模时间降到10分钟以内也是可能的。如果艾宝能降到这个水平，还有必要保留注塑零件超市吗?

如果换模时间不能减少，艾宝也可以考虑通过增加生产班次来增加可用的生产时间，进而增加换模次数。当然，必须仔细权衡由此增加的成本和收益之间是否匹配，毕竟目前的库存量已经降为1天的量了。

3. 原材料超市

最后是原材料部分。就按时交货和质量而言，艾宝在这方面没有大的问题，这是因为有5天的库存，因此这是一个主要的目标。

艾宝可以调查增加供应商送货频率，或是将供应商转到本土化以及改变提取物流的可能性。当然，所有方案都必须从成本、质量和库存的角度加以评估，进而确定对整个系统的收益。

在任何情况下，都要从系统整体而不是局部的角度来评估收益和成本。

保持成果，持续改进——成功的关键

- 密切关注顾客需求的变化，随时调整库存水平；
- 测量关键过程的业绩表现，并持续改进；
- 推进目视化管理，任何一个重要的过程都应该使其作业的进度一目了然；
- 随着经验的增长，不断改进过程的稳定性；
- 缩短内部过程的换模时间；
- 研讨各种方案以减少或消除工序间的库存超市。

结束语

本书举例说明一家工厂通过实施基于均衡拉动的生产控制系统，在精益生产方面实现了重大的飞跃。以前精益企业研究院（LEI）的工具书都聚焦局部改善和流动改善，而本书的关注点在于帮助制造商通过施行精益生产计划来实现系统改善。

对于任何环境而言，跨越几个价值流及其共享的设备，实施均衡拉动生产都是一项困难的任务。为了追求这种改善，你将面临很多抉择：采取什么途径改善，从一系列的方案中选择哪个。没有放诸四海而皆准的简单答案。一些基本问题，例如：当前内部工序的稳定性水平、生产周期时间长短、顾客订单的频率和特点（As, Bs, Cs），都将影响你的很多决定。

艾宝的案例说明均衡拉动系统能给公司带来巨大收益，尤其是对于那些生产过程不连续并且重复生产的公司。在计划方面实施均衡拉动的操作，将使工厂内的生产状况和生产节奏保持稳定。一旦实现了均衡拉动，按节拍时间生产和使物料流动起来就变得容易了。艾宝取得的可衡量的业绩说明，均衡拉动系统的好处是巨大的。

当你着手实施均衡拉动系统时，我鼓励你关注下面一些活动并考虑你的过程：

- 把你的精益改善看作跨价值流的、相互关联的工序步骤的系统化改善。不要孤立地解决某个区域，也不要胡乱地应用改善工具。应用本书中阐述的方法和步骤，你将会取得巨大的可持续的改善成果。

- 将价值流图和基于均衡拉动的生产计划结合起来，突显下一步改善的机会。不要假定问题的所在区域和产生原因。实施均衡拉动生产将帮助你更清楚地看到哪里有浪费，哪里过量生产，哪里不稳定，哪里存在变异。

- 请牢记，既要考虑单个价值流的改善，又要考虑跨价值流的改善。巨大的改善机会往往来源于处理共享的生产设备问题，这些设备通常服务于批量生产的工序。处理共享的任务，例如：

做计划和物料处理，也能发现巨大的改善机会。有时，关注单个的价值流会丢掉重大的改善机会。

我祝愿你在实施均衡拉动系统时取得巨大的成功，也希望听到你的进展。

附录 看板

看板简介

在精益生产中，看板（Kanban）是一个简单而又有效的工具，用来控制生产过程之间的信息传递和物料转运。Kanban这个术语是日文，意思是指“信号”或“布告板”。在一个价值流里，只有看板与节拍时间、流动过程、拉动生产和均衡计划相互配合才能实施及时生产。看板不仅是反映下游工序消耗某个产品的信号，同时还发出一个相应的“补充信号”，让上游工序开始补充该产品。

看板与传统的生产控制方法相比在以下几个方面有所不同：在传统生产方式中，我们为每个工序制订生产计划，各工序根据计划生产，无关乎下游工序的实际需求；用看板代替传统计划方式后，上下游工序之间的联系更加紧密，甚至可以同步生产。采用传统生产方式时，上游工序生产完毕后，将物料转运到下游工序，不管实际的需求，属于推动方式。看板则是基于下游工序的需求来控制物料转运的时间和数量。在一个价值流里，可以通过看板来控制整个生产过程的物流和信息流。

在一个工厂里，看板可以是一张纸片，也可以是用透明塑料封起来的卡片。卡片上包含基本的物料信息，例如：名称、编号、外部或内部供应商、批量、包装数量、存储地点和使用工序等。有时卡片上还会印有条码以便追踪或自动记录。当工序之间距离很远时，可以用电子信号来代替卡片看板。

看板的目的

使用看板，主要有四个目的：

- 避免工序之间物料的过量生产或不必要的搬运。
- 基于补充原则，在工序之间提供生产指令。这主要通过控制物料搬运的时间和数量来实现。
- 为生产主管提供一个可视化的工具，来判断生产进展是超前计划还是落后。只要迅速地看一下看板架或挂板上看板的种类及其数量，就能知道物料和信息是否按计划及时流动，或者是否有不正常的状况。
- 建立一个持续改善的工具。在价值流里，每个看板代表一个容器（箱或盒）的库存。随着经验的增长，有计划地减少看板的数量可以相应地减少库存，同时缩减生产周期时间。

看板的类型

看板主要有两种：生产指令看板，也称为制造看板；物料提取看板，也称为取货看板。

生产指令看板和物料提取看板的本质区别在于：前者是指制造某个产品的信号；后者是指从超市库存中提取一定数量的产品搬运到下游工序，提取的同时会触发补充机制，发出制造某个产品的信号。每种看板又可以各细分为两种类型，如下图所示。

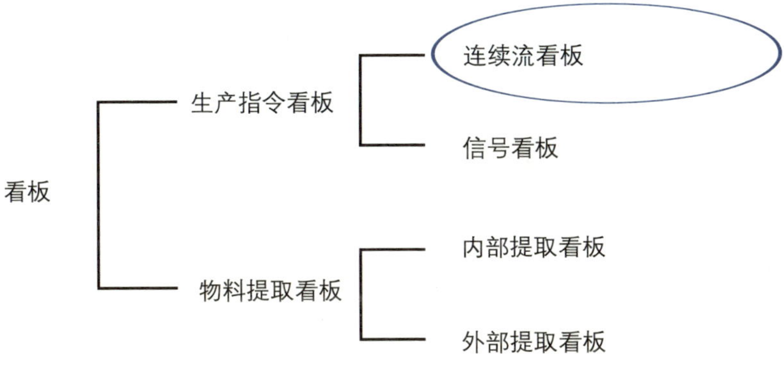

看板的类型

连续流看板

连续流看板常用于向定拍工序下达一个小批量的生产指令，

理想的批量是一件，最多不应该超过一个单位包装容器的数量。这种看板的应用方法是根据成品库存中被销售的产品及其数量，或者顾客订单来拉动装配生产线的生产。下图是艾宝公司应用这种看板的一个例子：

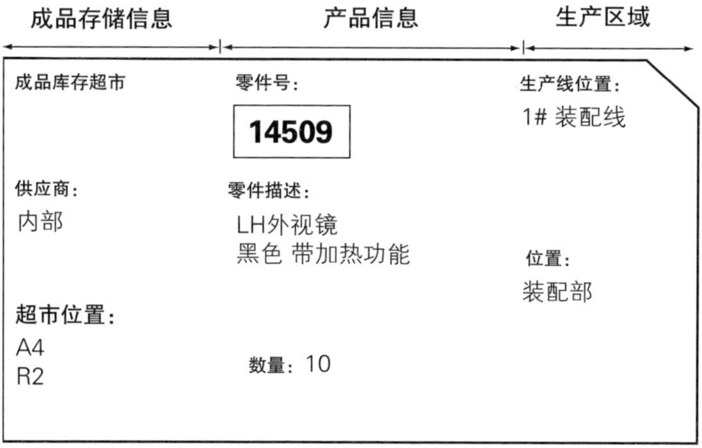

连续流看板

信号看板

信号看板常用于为上游大批量制造工序，例如冲压或注塑成型加工工序，下达生产指令。在这种情况下，如果使用连续流看板会需要很多张卡片，处理这些卡片所花费的时间将使其有效性大打折扣。信号看板将批量和超市库存结合起来，为下游工序提供物料，并允许上游工序有一定的换模时间。信号看板又可以细分为三种：顺序生产看板、批量信号看板和三角看板。

某些生产过程中，由于受物料或换模时间的限制，在生产时可能有一个理想的顺序，使用顺序生产看板可以收到这个效果。例如，当加工不同规格的钢材、制造不同的化学品或喷涂不同的颜色时，往往会有一个最佳的生产顺序。在生产过程中，每次生产的批量可以不同，但必须遵守预先规定的生产顺序。此时，我们需要为每种产品制定一个合理的补充周期和生产间隔时间，根据这些数据来设定其在超市中的库存量。

另一种信号看板是批量信号看板，它将多张（批量）看板卡片和超市库存结合起来使用。超市中的每种产品都有一个看板卡片，当超市库存被提取时，相应的看板卡片会被送回上游工序。当看板卡片累计到一定数量时，上游工序开始加工，生产相应卡片数量的产品。这种信号看板和连续流看板的不同之处在于，它是当看板卡片累计到一定数量时才开始加工，而连续流看板是每次只要有一张卡片就可以加工。

应用最广泛的信号看板是三角看板，名字源于卡片的形状。如果一个加工过程有足够的换模时间，并且单件周期时间低于下游工序的节拍时间，那么就可以用三角看板来制订生产计划。这种看板将批量生产和起始点结合起来为超市补充库存，常用于冲压、注塑成型和其他制造过程。这种看板最大的好处是每种产品只有一个看板，不需要管理大批量的看板卡片。

下图是艾宝公司应用这种看板来控制成型过程的一个例子：

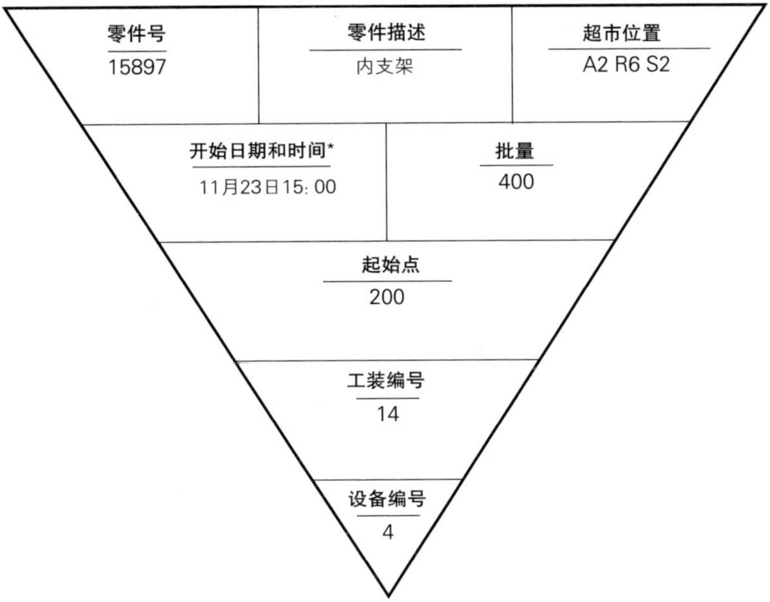

三角看板

* 到达起始点时及时将看板挂到看板挂杆上，这能帮助管理人员了解生产的状况，并避免看板顺序发生错误。

内部提取看板

在一个工厂里，内部提取看板的含义是从内部超市提取物料并转运到下游工序。这种看板往往与连续流结合起来使用。使用这种看板的先决条件是为相应的物料建立一个超市库存，并设定一个合理的在线库存量。这种看板能有效缩减装配生产区域的物料库存面积，腾出更多的空间用来生产。它要求各生产单元或分装单元按一定规律频繁地、小批量地向装配区域供应物料。为了使这种系统正常运作，每个工序都需要有具体的位置和触发机制以便于物料流动。下图是艾宝公司应用这种看板从中央超市向 1 号装配单元补料的一个例子：

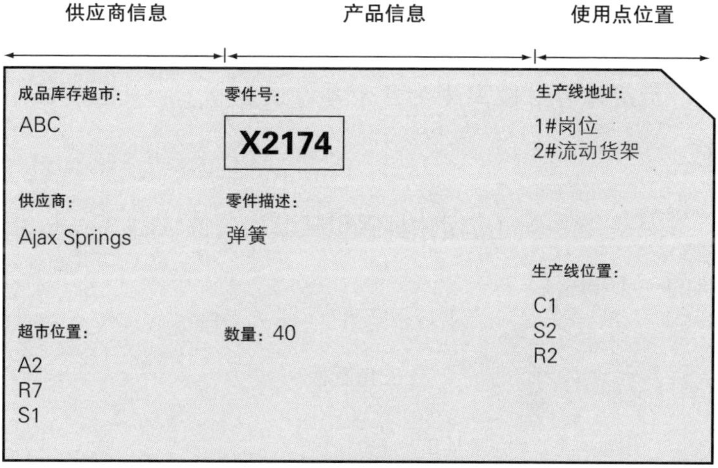

内部提取看板

外部提取看板

外部提取看板，也称为供应商看板，它的含义是从外部供应商处提取物料，并转运到原材料或中央超市。外部提取看板用于和外部供应商的沟通。

外部提取看板的高级用法是在其上注明看板循环周期。看板循环周期通常表示为 1∶4∶2 的形式，它的含义是该看板所代表的零件，供应商会在 1 天内发运出货，每天收集 4 次看板，看板会在被收集后 2 个周期内，连同相应的零件一起送回到工厂。在这个例子中，每天发运 4 次，周期是 6 小时，因此需要的物料会在 12 小时内送到。实践中，要根据各供应商的生产过程、成品库存和距离来为各个零件设定一个合理的看板循环周期。

下图是艾宝公司应用这种看板从其供应商 Ajax Springs 提取物料的一个例子：

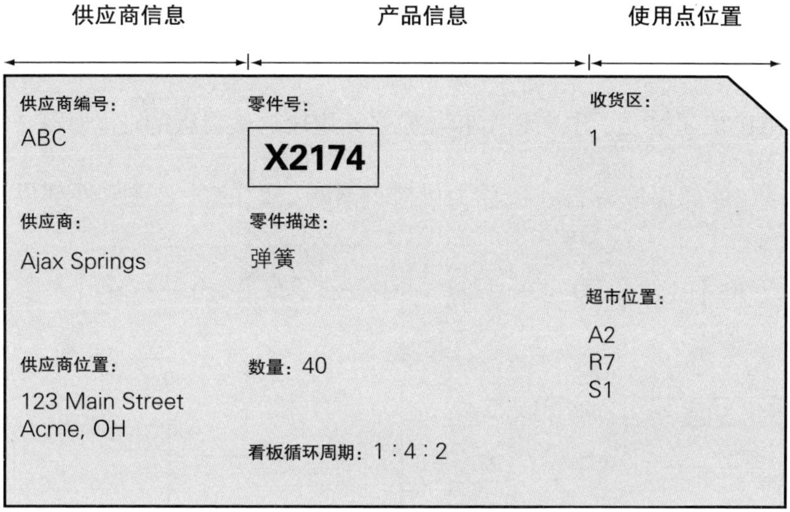

外部提取看板

临时看板

我们没有在看板分类图上标示出临时看板。通常，看板卡片的数量由生产控制部门每月依据顾客需求或交付周期的变化作出调整，因为要响应不同的需求，往往会在看板系统里加入一些临时看板。这样做既是为了适应供应商和顾客工作天数的不同而多备些库存，又是为设备维护和修理留出时间。

临时看板，顾名思义，就是只用一次的看板，卡片上应注明使用期限。用颜色来区分也是一个好办法，可以避免在其超过使用期限后，因疏忽而被保留在系统中。

看板的联合使用

通常，制造看板和转运看板是一起使用的。下图是艾宝公司在装配单元、中央超市和喷涂之间应用这些看板的一个例子：

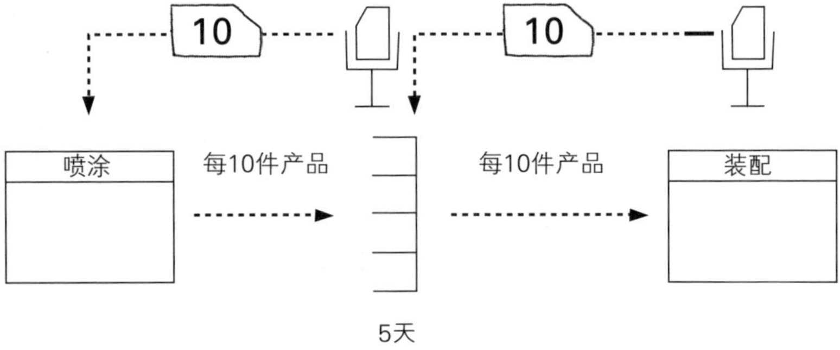

制造看板和转运看板的联合使用

下图是在装配单元、中央超市和注塑成型加工之间联合使用三角看板和转运看板的一个例子。

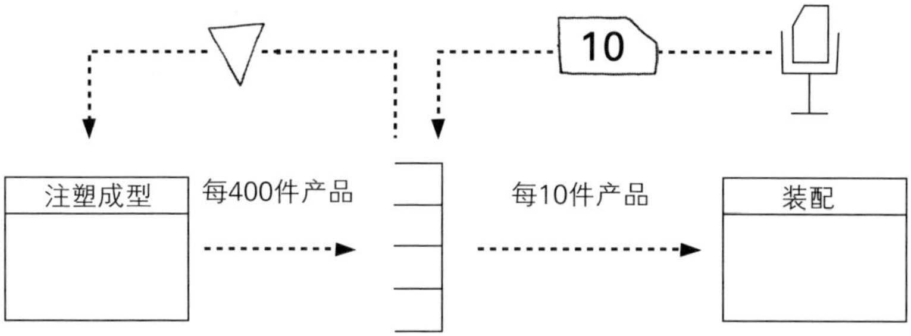

三角看板和转运看板的联合使用

最后要强调的是，使用看板时必须考虑到工厂内物料的运输路线。如果想用看板来控制生产流动，就必须有一个标准化的运输机制。精益的运输原则是频繁地、在需要时将各种物料及时运送到各生产工序。通常在一个工厂内或两个工厂之间，我们采用“定时不定量”的方式供应物料。这要求我们按照运输路线“定时”补充适当数量的物料。两个过程之间，在特定情况下，对某些不常用的物料也可以采取“定量不定时”的方式来补充。采用这种方式的关键在于如何及时有效地传达需求信号，以避免生产线缺料。

精益企业中国（LEC）

精益企业中国（Lean Enterprise China, LEC）是一个非营利性组织，2005 年成立于上海，是精益全球联盟（Lean Global Network, LGN）32 个国家会员之一。

LEC 的使命是促进精益思想在中国的传播和实践，帮助企业精益转型，增强竞争力，回馈社会。我们的愿景是建立中国精益知识平台，引领精益人才培养。

LEC 致力于把精益理念和方法引进中国：

· 系统性引入精益知识体系：翻译及推出了 34 本精益专业书籍

· 凝聚精益同好，共同学习分享：举办了 14 届全球精益高峰论坛

· 启动中国企业精益实践的研究：出版了 5 本《精益实践在中国》

www.leanchina.net.cn